Der Naturpark Teutoburger Wald / Eggegebirge

ISBN 978-3-936359-34-3

Herausgeber:
Naturpark Teutoburger Wald / Eggegebirge
Felix-Fechenbach-Straße 5, 32756 Detmold
Tel.: 05231 - 62 79 44 / Fax: 05231 - 62 79 42
www.naturpark-teutoburgerwald.de

Verlag:
Regionalverlag Thomas P. Kiper
Hunteweg 28, 33689 Bielefeld
www.tpk-verlag.de

Text: Sabine Schierholz
Redaktion: Alexander Quante
Lektorat, EBV, Layout: Roland Siekmann
Karten: Reliefkartographie Gunter Kaiser
Druck: Hans Kock Buch- und Offsetdruck GmbH

Alle Fotos von Annette Fischer, Schlangen (102 Fotos)
mit Ausnahme der folgenden:
Markus Krüger (www.digital-park.de): Titelbild, 8, 67, 130; Archiv Naturpark: 9, 36, 93 o., 135, 136, 137 u.; Alexander Quante: 17, 31; Kulturland Kreis Höxter: 19; Peter Rüther: 20, 22, 24 o., 24 u., 30, 32, 33, 34, 38, 114; Sabine Schierholz: 25, 111 o., 120 u., 121, 122 u., 124; Roland Siekmann: 27, 59, 61, 128; Robin Jähne: 37 o., 37 u., 129 u.; Guido Sachse: 39 o., 63; Hannelore H.: 39 u.; Kreis Lippe: 40; Archäologisches Freilichtmuseum Oerlinghausen: 42; Gräflicher Park Hotel & Spa Bad Driburg: 46 u.; Christel Schroeder: 62 o.; Falko Sieker: 73 u.; Tiere im Dorf e.V.: 74 u.; Biologische Station Lippe: 83 u.; Peter Blank: 91 o.; Gemeinde Altenbeken: 90; Günter Schlottmann: 91 u.; Verkehrs- u. Kneippverein Nieheim: 102 o., 102 u.; Hubert Rösel: 110, 132; Andrea Marten: 115; Stadt Beverungen: 116; Wilhelm Presuhn: 117 o., 117 u.; Staff-Stiftung: 119, 120 o.; Jutta Brüdern: 126; Bielefeld Marketing: 129 o.; World Habitat Society: 134

tpk-Regionalverlag
www.tpk-verlag.de

Sabine Schierholz

Der Naturpark *Teutoburger Wald Eggegebirge*

Ein Reiseführer durch die Wander- und Gesundheitsregion zwischen Egge und Weser, Lipper Bergland und Teutoburger Wald

Natürlich gesund!

Die Region im Überblick

Ausflugstipps

Unser Naturpark Teutoburger Wald / Eggegebirge

Der *Naturpark Teutoburger Wald / Eggegebirge* liegt im Nordosten Nordrhein-Westfalens an der Grenze zwischen den deutschen Mittelgebirgen und dem norddeutschen Tiefland. Dieser Grenzbereich wurde von der Natur besonders reich beschenkt: Elemente der aneinander grenzenden Landschaftsräume durchdringen sich hier zu landschaftlicher Vielfalt.

Das Aufeinanderprallen von Erdschollen beförderte hier vor Jahrmillionen ein buntes Durcheinander von Gesteinen aller Erdzeitalter an die Oberfläche, in vulkanischen Prozessen entstanden Heil- und Thermalquellen und die Eiszeiten brachten Sand, Lehm und Gesteine aus dem hohen Norden mit.

Diese geologische Vielfalt spiegelt sich in einer entsprechend großen Vielfalt an Naturräumen wider: Neben den beiden namensgebenden Mittelgebirgszügen von *Teutoburger Wald* und *Eggegebirge* liegen auch das *Lipper Bergland*, das *Oberwälder Land*, die *Warburger Börde*, Teile der *Senne* und der Karstlandschaft der *Paderborner Hochfläche* im Naturpark. Bei so vielen unterschiedlichen Landschaftsräumen gibt es natürlich auch viele verschiedene Lebensräume.

Hinzu kommt der ganz besondere Reichtum des Naturparks an kulturhistorischen Kostbarkeiten aus mehr als zwei Jahrtausenden; denn auch in politischer Hinsicht war die Region lange ein vielfältiger Raum: Hier trafen die christlichen Franken auf die heidnischen Sachsen, hier grenzten bis in das frühe 19. Jahrhundert die geistlichen Territorien Paderborn und Corvey an die weltlichen Landesherrschaften Ravensberg und Lippe.

Obschon verkehrsgünstig zwischen den Pässen durch die Gebirgszüge und der Weser gelegen, blieb die Region doch insgesamt recht abgelegen. Und trotz frühen Eisengewerbes im Eggegebirge entwickelten sich im Naturpark keine industriellen Zentren. Dafür hielten sich Traditionen und Bräuche sehr lange. Hier sammelten die Brüder Grimm ihre Märchen und Dichter wie Annette v. Droste-Hülshoff, Peter Hille oder Friedrich Wilhelm Weber haben dem herben Charme der Region und ihrer Bewohner in Erzählungen und Gedichten Denkmäler gesetzt.

Mit ihrer *Vielfalt und Naturnähe* ist die Region heute ein abwechslungsreiches Wanderrevier, aber eben nicht nur das: In den Bädern findet man Stärkung für Körper und Seele, und überall im Land trifft man in Klöstern und Kirchen, Burgen und Schlössern, Parks und Gärten auf die zahllosen Spuren der Vergangenheit. Bei einem Besuch des Naturparks sollten Sie sich deshalb etwas Zeit nehmen, denn es gibt hier viel zu genießen und eine Menge zu entdecken.

Die wesentlichen *Aufgaben des Naturparks* sind Regionalentwicklung, Umweltbildung und Förderung der landschaftsbezogenen Erholungsvorsorge. Dazu gehören auch die Planung und Abstimmung von Wanderrouten, die Herausgabe von Broschüren mit Naturerlebnistipps und das Aufstellen von Hinweistafeln an Wanderparkplätzen, um Gästen und Einheimischen die Erholung in der Natur zu ermöglichen.

Bei der Auswahl der Wanderwege wird stets auf den Erlebniswert geachtet, denn die eine oder andere Sehenswürdigkeit sollte sich am Wegesrand finden. Besonders intensiv ist die Berührung mit Natur, Geschichte und Kultur unserer Region auf den *Erlebnispfaden* des Naturparks, wo spannende Geschichten zu Archäologie, Kulturlandschaft, Wald oder Gewässerökologie erzählt werden.

In Zusammenarbeit mit vielen Partnern fördert der Naturpark den Erhalt der gewachsenen Kulturlandschaft und trägt zur Stärkung der regionalen Identität bei.

Naturpark Teutoburger Wald / Eggegebirge

Lage:	zwischen Bielefeld und Sauerland, Paderborn und Weser
Gründungsjahr:	1965
Organisationsform:	Zweckverband
Mitglieder:	Stadt Bielefeld, die Kreise Höxter, Lippe, Paderborn, Gütersloh und Hochsauerlandkreis
Größe:	2.711 Quadratkilometer
Waldanteil:	ca. 30 % der Fläche, hoher Laubwaldanteil
Landschaftsschutzgebiete:	ca. 75 % der Fläche
Naturschutzgebiete:	ca. 10 % der Fläche
Natura-2000-Gebiete:	ca. 14 % der Fläche
Naturdenkmale:	ca. 1.000 Eintragungen (Bäume, Felsen, Biotope)
Wesentliche Baumarten:	Buche, Eiche, Fichte und Kiefer
Höchster Punkt:	Köterberg bei Lügde, 496 m ü. NN.
Klima:	Schonklima mit leichten bis mäßigen Klimareizen
Jahresniederschlag:	von 625 mm (Warburg) bis 1.132 mm (Feldrom)
Durchschnittstemperatur:	7–8° C

Wanderwege

Im Naturpark Teutoburger Wald / Eggegebirge gibt es rund zweitausend Kilometer gekennzeichnete Wanderwege. Dazu kommen ebenso viele Radwanderwege und Nordic-Walking-Strecken, naturbelassene Pfade, Feldwege und Straßen, auf denen man ebenfalls durch den Naturpark streifen kann.

Angesichts der großen Vielfalt an Wegen kann in diesem Buch nur eine bescheidene Auswahl vorgestellt werden; dazu gehören neben den *Fernwanderwegen*, den *zertifizierten Qualitätswanderwegen* (auf die wir besonders stolz sind!) und den *Erlebnispfaden* auch reizvolle *Rundwanderwege*. Ihre Auswahl aus der großen Zahl der Wege stellt keine Wertung dar, sondern soll als Anregung dienen, die Region selbst zu erforschen.

Qualitätsweg Wanderbares Deutschland (c) Deutscher Wanderverband

Wanderwege werden nach einem System gekennzeichnet, das vom Land Nordrhein-Westfalen festgelegt wurde. Betreut werden die Wege ehrenamtlich von den Wandervereinen der Region, dem *Eggegebirgsverein*, dem *Teutoburger-Wald-Verein* sowie dem *Lippischen Heimatbund*.

Mit einem »A« und einer Ziffer werden die örtlichen *Rundwanderwege* gekennzeichnet, die an einem Wanderparkplatz beginnen und auch enden. *Ortsrundwanderwege*, die um das Gebiet einer Stadt oder Gemeinde herumführen, sind in aller Regel mit einem Buchstaben in einem Kreis gekennzeichnet. Die *regionalen Wanderwege* sind mit unterschiedlichen Symbolen wie Balken, Dreiecken, Kreisen oder Rauten markiert.

Auch die jeweiligen Teilstrecken *überregionaler Wanderwege* werden von den Vereinen betreut und markiert – der *Hermannsweg* mit einem »H« und überregionale Hauptwanderwege mit einem »X« oder einem »E«. Besondere Wanderstrecken wie der Qualitätswanderweg *Hermannshöhen®* sind mit zusätzlichen Symbolen gekennzeichnet – im Falle der *Hermannshöhen®* mit Namenszug und stilisiertem Hermannsdenkmal.

Eine neue Art des Wanderns kommt ganz ohne Markierungen im Gelände aus: Hier liefert ein satellitengestütztes Orientierungssystem die Informationen zum *GPS-Wanderweg* (⇨ **S. 134**). Aber auch für viele »ganz normale« Wanderwege stehen Informationen über Strecken und Sehenswürdigkeiten als Flyer oder als Downloads im Internet zur Verfügung.

Naturpark, Nationalpark, Naturschutzgebiet ...

... wer soll da eigentlich noch durchfinden? – Weil es ganz leicht ist, die verschiedenen Schutzgebiete durcheinander zu bringen, hier ein kleiner Auffrischungskursus:

Das Bundesnaturschutzgesetz unterscheidet verschiedene Schutzkategorien; da gibt es Naturdenkmale, Naturschutz-, Landschaftsschutz- und Großschutzgebiete, zu denen Nationalparke und Biosphärenreservate gehören. Daneben gibt es Schutzgebiete, die nach der europäischen Gesetzgebung ausgewiesen sind, die auch für Deutschland verbindlich ist.

Ein **Naturdenkmal** ist ein unter Naturschutz stehendes Landschaftselement, ein Einzelobjekt wie ein Baum oder eine kleine Fläche wie ein geologischer Aufschluss. Im Naturpark gibt es über 1000 solcher Naturdenkmale, bedeutende Altbäume wie die Friedenslinde aus dem Jahr 1648 bei Altenheerse oder Zeugen der Eiszeit wie der Gletscherschliff in Hiddesen bei Detmold.

Landschaftsschutzgebiete dienen der Sicherung des Naturhaushalts und der Erholung der Menschen. Etwa 30 % der Fläche Deutschlands außerhalb der Dörfer und Städte sind als Landschaftsschutzgebiete ausgewiesen. Sie unterliegen weniger strengen Regeln als Naturschutzgebiete, sind häufig durch ein attraktives Landschaftsbild gekennzeichnet und werden durch Forst-, Land- und Wasserwirtschaft genutzt. Allerdings dürfen Lebensräume wie Wälder, Wiesen, Hecken, Tümpel oder Feldgehölze nicht beseitigt werden. Im Naturpark Teutoburger Wald / Eggegebirge sind 75 % aller Flächen als Landschaftsschutzgebiet ausgewiesen.

Naturschutzgebiete dienen dem Erhalt von Lebensräumen und ihrer Tier- und Pflanzenarten. Die Schutzvorschriften sind daher strenger, eine Nutzung darf nicht oder nur unter Auflagen erfolgen. Etwa 10 % der Flächen im Naturpark sind Naturschutzgebiet. Eines der kleinsten ist das NSG Hohlsteinhöhle bei Schlangen; es dient dem Schutz einer einzigartigen Insektenfauna und ist Winterquartier verschiedener Fledermausarten. Das größte Naturschutzgebiet des Naturparks umfasst die Wälder des nördlichen Eggegebirges und schützt die naturnahen Mittelgebirgswälder und ihre Bewohner, zu denen auch die Wildkatze gehört.

Natura-2000-Gebiete entstammen einem Schutzprogramm der Europäischen Union, das der Wahrung des europäischen Naturerbes dient. Sie umfassen die Schutzgebiete gemäß der Vogelschutzrichtlinie und die FFH-Gebiete. »FFH« steht für die Flora-Fauna-Habitat-Richtlinie der EU und bedeutet *Lebensraum* (Habitat) für *Pflanzen* (Flora) und *Tiere* (Fauna). Das größte FFH-Gebiet im Naturpark Teutoburger Wald / Eggegebirge ist die »Senne mit Stapelager Senne«, eines der größten Vogelschutzgebiete des Naturparks liegt im südlichen Eggegebirge.

Den bisherigen vier Schutzformen ist gemeinsam, dass sie in der Regel kleine Flächen umfassen: vom einzelnen Baum bis zu Flächen von einigen Hundert Hektar. Großschutzgebiete hingegen werden, wie der Name schon sagt, in Quadratkilometern gemessen:

Biosphärenreservate werden durch die UNESCO ausgewiesen und dienen der Erhaltung einer von Menschen durch traditionelle Nutzung geprägten Kulturlandschaft und der darin historisch gewachsenen Arten- und Lebensraumvielfalt. In NRW gibt es kein Biosphärenreservat, eines der bekanntesten Deutschlands ist der Spreewald.

In Unterschied zum Biosphärenreservat wird im **Nationalpark** eine weitgehend von Menschen unbeeinflusste Naturlandschaft geschützt. In Nationalparken werden die Nutzung und der Einfluss des Menschen zugunsten der natürlichen Entwicklung bewusst eingeschränkt. Der einzige Nationalpark Nordrhein-Westfalens liegt in der Eifel.

In **Naturschutzgroßprojekten** sollen national bedeutsame Landschaften mit einem Förderprogramm dauerhaft geschützt werden. Es stehen Fördermittel für den Grunderwerb, für langfristige vertragliche Vereinbarungen und für die Durchführung von Entwicklungsmaßnahmen zur Verfügung. Der Naturpark Teutoburger Wald / Eggegebirge ist Träger des *Naturschutzgroßprojektes Senne und Teutoburger Wald* **(⇨ Exkurs S. 14)**.

Naturparke gehören nicht zu den Schutzgebieten, sie stellen vielmehr Planungsräume dar und sollen den Schutz und die Nutzung der Landschaft miteinander vereinbar machen. Naturparke gibt es dort, wo die landschaftlichen Voraussetzungen für die Erholung, z.B. für Wandern und Radfahren, besonders gut sind – besonders gut deshalb, weil große Teile des Naturparks aus Landschafts-, Naturschutz- und FFH-Gebieten bestehen. In Nordrhein-Westfalen gibt es 14 Naturparke.

Der Naturpark Teutoburger Wald / Eggegebirge gehört überwiegend zur naturräumlichen Einheit des *Weserberglands*. Im Osten wird er durch das *Tal der Weser* begrenzt, die Senne an der Westgrenze des Naturparks ist bereits ein Teil der *Westfälischen Bucht*. Teutoburger Wald und Eggegebirge bilden das Rückgrat des Naturparks und zugleich die westliche Grenze des Weserberglands.

Die Grundlagen für das heutige Erscheinungsbild des Reliefs wurden im Übergang der Kreidezeit zum Tertiär vor etwa 65 Millionen Jahren gelegt, als die Gesteinsschichten in diesem Gebiet in zahlreiche Schollen zerbrochen, angehoben, gegeneinander verschoben und aufgefaltet wurden. Das Ergebnis ist ein *Bruchfaltengebirge* mit ziemlich komplexen geologischen Verhältnissen. Viele verschiedene Gesteinsschichten treten hier auf engstem Raum an die Erdoberfläche, auf deren Basis viele verschiedene Bodentypen entstanden.

Zeugen der Eiszeit:
die Johannissteine bei Lage

Vulkanische Aktivitäten im Miozän vor etwa 7 bis 14 Millionen Jahren haben die geologischen Verhältnisse im Naturpark noch etwas komplizierter gemacht, das Landschaftsbild um einen hübschen Vulkankegel bereichert und die vielen Kohlensäureblasen, Heil- und Thermalquellen entstehen lassen, die der Region den Ruf als *»Heilgarten Deutschlands«* eingebracht haben. Das Zentrum der vulkanischen Aktivitäten lag im Bereich der Hessischen Senke, wo Vulkane wie der Vogelsberg entstanden.

Aber auch rund 100 Kilometer nördlich dieses Zentrums entstand im heutigen Naturpark Teutoburger Wald/ Eggegebirge ein etwa 150 Meter hoher Vulkankegel, der *Desenberg* in der Warburger Börde. Ebenso entwickelten sich mehrere »Vulkanite«, die den Weg bis zur Erdoberfläche nicht mehr schafften und in der Erdkruste stecken blieben, wie der *Vulkanit von Steinheim-Sandebeck*, der nördlichste und wahrscheinlich auch kleinste Vulkan Deutschlands.

In Folge der unterschiedlichen Festigkeit der Gesteine und diverser Lagerungsverhältnisse entstand durch Abtragung und Verwitterung eine vielgestaltige Landschaft mit sanft gerun-

Blick von Detmold-Schönemark auf den Kamm des Teutoburger Waldes

deten Bergrücken, schmalen Längstälern und breiten Mulden. Über den kalkreichen Gesteinen haben sich im Laufe der Zeit *Humuskarbonatböden* und in den Tälern und an den Hangfüßen zum Teil *staunasse Braunerden* entwickelt. Auf dem Rücken des Eggegebirges, über Sandstein, haben sich *basenarme Podsole* gebildet.

Die Gletscher der Eiszeiten haben Sande und Gesteine aus dem Norden mitgebracht; Geschiebeblöcke wie die *Johannissteine* bei Lage und der Gletscherschliff an den Sedimenten bei Detmold-Hiddesen sind die Hinterlassenschaften der letzten Eiszeit. Eiszeitliche Schmelzwasser und Winde haben aber auch die fruchtbaren Lösslehme in Senken wie dem Blomberger Becken und der Warburger Börde und die nährstoffarmen Sande der Senne am Fuße des Teutoburger Waldes abgelagert.

Der ***Teutoburger Wald*** genannte Höhenrücken entstand beim Aufeinandertreffen zweier Erdschollen vor rund 70 Millionen Jahren. Gewaltige geotektonische Kräfte schufen den langgestreckten Gebirgskamm, dessen unterschiedlich harte Gesteinsschichten im Laufe der Jahrmillionen zu parallelen Kämmen und charakteristischen Längs- und Quertälern ausgewaschen und geformt wurden. Die Eiszeiten des Quartär und die stetige Verwitterung vollendeten im Wesentlichen die heutigen Erscheinungsformen des Höhenzugs.

Der Teutoburger Wald besteht aus drei parallel verlaufenden Kämmen mit Höhenlagen von durchschnittlich 300 bis 440 Metern, wobei die Kämme rund 200 bis 300 Meter über dem Höhenniveau des Umlands liegen. Sie sind aus unterschiedlichen Gesteinsarten aufgebaut: Der nördliche Kamm besteht aus *Keuper- und Muschelkalk,*

Naturschutzgroßprojekt Senne und Teutoburger Wald

Die herausragende Besonderheit des »Naturschutzgroßprojektes Senne und Teutoburger Wald«, das eine Fläche von rund 1.800 ha umfasst, ist die räumliche Nähe zweier gegensätzlicher Landschaften: Auf wenigen Metern gelangt man im Projektgebiet von einem bodensauren, eiszeitlich geprägten Tiefland in ein kalkgeprägtes Mittelgebirge, von einem traditionell als Heidelandschaft genutzten Gebiet in ein Waldgebiet mit einer langen Forstgeschichte.

Das Ziel des Naturschutzgroßprojektes ist es, auf den Flächen im Teutoburger Wald die Entwicklung naturnaher Wälder mit lebensraumtypischer Baumartenzusammensetzung zu fördern, also vor allem mit der Rotbuche. Diese Wälder sollen durch angepasste Bewirtschaftung alle Entwicklungsphasen des Waldes enthalten und so Lebensraum für seltene Pflanzen und Tierarten bieten. In der Senne sollen mit dem Naturschutzgroßprojekt die Lebensmöglichkeiten für seltene Pflanzen und Tiere des Offenlandes verbessert werden. Dazu werden die vorhandenen Heiden und Magerrasen vergrößert und miteinander vernetzt. In den heute dominierenden Kiefernwäldern der Senne werden Baumarten gefördert, die ursprünglich die Senne besiedelten, wie z.B. *Stieleiche, Sand-Birke* und *Eberesche*. Die Fließgewässer im Projektgebiet sollen in ihrer natürlichen Dynamik möglichst wenig eingeschränkt werden und die bewaldeten Auenbereiche sollen sich als Naturwald ohne forstliche Nutzung entwickeln. Acker- und Grünlandflächen sollen extensiv bewirtschaftet werden. Kurz gesagt, die Senne im Projektgebiet soll wieder so werden, wie sie vor ungefähr 200 Jahren ausgesehen hat.

Träger des seit 2004 laufenden Naturschutzgroßprojektes ist der *Naturpark Teutoburger Wald / Eggegebirge*; die vorbereitenden Arbeiten leistete das Naturschutzzentrum Senne. Gefördert wird das Projekt zu 70 % vom Bundesamt für Naturschutz und zu 20 % vom Land Nordrhein-Westfalen. Der Projektträger bringt einen Eigenanteil in Höhe von 10 % auf, hieran sind die Städte Detmold, Lage, Oerlinghausen und die Gemeinde Augustdorf sowie der Kreis Lippe und die Nordrhein-Westfalen-Stiftung Naturschutz, Heimat- und Kulturpflege beteiligt. Für die Grundeigentümer oder Bewirtschafter im Projektbereich ist die Teilnahme an den Maßnahmen freiwillig. Alle Leistungen für das Projekt, etwa die Umstellung auf naturnahe Bewirtschaftung, werden finanziell ausgeglichen.

Ein Blick über die Kämme des Teutoburger Waldes

der südliche Kamm aus *Plänerkalken* der *Oberen Kreide* und der mittlere Kamm aus *Osningsandstein* der *Unteren Kreide* sowie aus *Flammenmergel*. Diese unterschiedlichen Ausgangsgesteine sind jeweils die Grundlage für die Ausbildung verschiedener Buchenwaldgesellschaften.

Der Höhenzug bildet die *Wasserscheide* zwischen Weser und Ems, die im Süden des Teutoburger Waldes an die Rhein-Weser-Wasserscheide des Eggegebirges grenzt und somit einen *Dreiflusspunkt* bildet. An diesem Dreiflusspunkt, südwestlich von Detmold-Schling nahe der Ruine des früheren Forsthauses Hartröhren gelegen, hat ein herabfallender Regentropfen drei Möglichkeiten: Er kann theoretisch in Richtung auf Rhein, Ems oder Weser zufließen.

Menschen nutzten die Quertäler des Gebirges seit frühesten Zeiten als Durchgangswege; später führten auch bedeutende mittelalterliche Handelsrouten wie der »Hellweg« hier entlang. Als *»Teutoburger Wald«* wird der Höhenzug erst seit dem 17. Jahrhundert bezeichnet, da man hier den Ort der vom römischen Historiker Tacitus beschriebenen *»Schlacht am Teutoburger Wald«* vermutete.

Das ***Eggegebirge***, auch einfach »die Egge« genannt, schließt sich südöstlich an den Teutoburger Wald an und weist Höhenlagen zwischen 400 und 470 Meter auf. Der Hauptkamm des Eggegebirges besteht aus *Neokom* und *Osningsandstein*, daneben kommen auch *Mergel* und *Kalk* als Untergrundgesteine vor. Über diesen unterschied-

Felsklippen auf dem »Lippischen Velmerstot«, dem zweithöchsten Berg des Eggegebirges

lichen Ausgangsgesteinen haben sich verschiedene Bodentypen entwickelt, auf denen sich ein kleinräumiges Mosaik von Pflanzengesellschaften ansiedelte.

Der Eggekamm bildet die Wasserscheide zwischen dem Rhein und der Weser. Sein Relief ist lebhafter und schroffer als das des Teutoburger Waldes, jedoch gibt es hier keine durchgehenden Quertäler. Vom Westen steigt das Gebirge von der Paderborner Hochfläche ausgehend sanft an, nach Osten fällt es mit Klippen und Blockhalden steil ab. Die Böden sind am steilen Ostabfall erosionsanfällig, und an vielen Orten ragen bizarre Felsformationen aus dem Boden.

Ursprünglich trugen Eggegebirge und Teutoburger Wald den gemeinsamen Namen *»Osning«*. Als sich für den nördlichen Teil des Höhenzugs die Bezeichnung *»Teutoburger Wald«* durchsetzte, wurde der südliche Teil des Osnings zur *»Egge«*, so genannt nach der niederdeutschen Bezeichnung für einen langgestreckten Bergkamm mit steilen Abbruchkanten.

Die ***Senne*** ist dem Teutoburger Wald nach Westen vorgelagert. Der geologische Unterbau dieser Landschaft entstand in der Saale-Eiszeit vor etwa 200.000 Jahren. Gesteine aus Skandinavien, dem Ostseeraum und der Westfälischen Bucht blieben in der Senne als Grundmoräne liegen und die Schmelzwasser der Gletscher lagerten hier am Ende der Eiszeit bis zu 60 Meter mächtige Sandschichten ab. Ausgangsmaterial für diese Sande war zum großen Teil zerriebener Sandstein, ein nährstoffarmes Substrat, aus dem im Laufe der Zeit die wenigen Nährstoffe vom Niederschlagswasser ausgewaschen wurden. Die Sande der Senne filtern das Niederschlagswasser und seit über 100 Jahren werden die sehr sauberen *Grundwasservorräte* unter der Senne für die Wasserversorgung der Region zwischen Bielefeld und Paderborn genutzt.

Die Senne gliedert sich auf in drei Teilräume: Die *Obere Senne*, auch *Trocken-Senne* genannt, liegt im Naturpark am Fuße des Teutoburger Waldes zwischen Schlangen und Augustdorf. Sie ist von Trockentälern, Ausblasungswannen und Dünen geprägt, die wenigen Bäche fließen in breiten Kastentälern. Als *Drumlinsenne* wird die Moränenlandschaft zwischen Bielefeld-Brackwede und Stukenbrock bezeichnet (Drumlin = Moräne); als *Untere Senne* (auch: *Feuchtsenne*) bezeichnet man die vermoorten Auenbereiche im Gebiet um Hövelhof.

Die außergewöhnliche, bis ins 20. Jahrhundert von weiten Heideflächen geprägte Sennelandschaft erhielt ihre typische Gestalt erst durch die historische Land- und Weidewirtschaft. Als »Sinithi« wurde sie erstmals um das Jahr 1000 in einer Urkunde genannt; Sinithi kann als »große Heide« gedeutet werden. In späterer Zeit findet man den Namen auch mit Zusatz als »Desertum Sinithi«; mit der Bezeichnung als »Wüste« wollte man wohl darauf hinweisen, dass die Böden als Ackerland nicht taugten. Im kaum besiedelten »Niemandsland« der Senne – sie bildete über Jahrhunderte einen breiten Grenzsaum zwischen dem Bistum Paderborn und den Herrschaften Lippe, Ravensberg und Rietberg – wurde

Die Senne – eine nährstoffarme Sandlandschaft mit einzigartiger Flora und Fauna

das Vieh der umliegenden Siedlungen und Hofstätten geweidet. Auch die halbwilden »Senner Pferde« wurden hier vom lippischen Fürstenhaus in freier Wildbahn gehalten.

Erst seit dem 12. Jahrhundert erfolgte eine spärliche Besiedlung entlang einiger Bachläufe. Im 17. und 18. Jahrhundert brachte eine stärkere Besiedlungsphase das Heidebauerntum mit seiner typischen Plaggenwirtschaft in die Senne. Durch die landwirtschaftliche Nutzung wurden die Böden zusätzlich ausgelaugt, so dass die Senne bis heute eine extrem nährstoffarme Sandlandschaft ist, auf der sich eine einzigartige Flora und Fauna entwickeln konnte.

Nordöstlich des Teutoburger Waldes liegt das ***Lipper Bergland***, ein flachwelliges Hügelland, das durch die kleinräumige Verteilung unterschiedlichster Strukturen gekennzeichnet ist. Höhenzüge und Senken wechseln sich auf kleinstem Raum ab, und neben sanften Hängen gibt es viele steile Bereiche, bei denen die Höhenunterschiede auf kurzer Entfernung bis zu 170 m betragen können. Die Senken sind oft mit überaus fruchtbaren eiszeitlichen Lösslehmen aufgefüllt und werden als Ackerland genutzt, während in den Höhenlagen Buchenmischwälder dominieren.

In das Lipper Bergland ragen von Nordwesten bis in den Raum Lage und Lemgo die Ausläufer der *Herforder Liasmulde* hinein, deren Gesteine zum großen Teil von eiszeitlichen Geschieben und Lösslehmen überdeckt sind.

Das ***Oberwälder Land*** erstreckt sich östlich vom Eggegebirge bis hinaus zum ***Wesertal***, mit dem der Naturpark seinen östlichen Abschluss findet. Der Name rührt noch aus der Zeit, als das Gebiet als *»Oberwaldischer Distrikt«* eine Verwaltungseinheit des Fürstbistums Paderborn war. »Oberwaldisch« bedeutete: von Paderborn aus gesehen jenseits des Eggegebirges gelegen. Zum Oberwälder Land gehören das *Steinheimer Becken*, die *Warburger Börde* und das *Brakeler Bergland.*

Die fruchtbaren Lösslehmböden der Bördelandschaften von Steinheimer Becken und Warburger Börde werden überwiegend als Ackerland und entlang der Flüsse *Emmer* und *Diemel* als Weideland genutzt. Aus der Warburger Börde ragt weithin sichtbar der Kegel eines erloschenen Vulkans, der *Desenberg*, heraus.

Zwischen den beiden Oberwälder Bördelandschaften liegt das Brakeler Bergland, dessen geologischer Untergrund vom Muschelkalk gebildet wird. Da diese Kalkplatte wie eine Schwelle zwischen den angrenzenden Börden liegt, spricht man auch von der *Brakeler Muschelkalkschwelle.* Der bestimmende Fluss dieser Landschaftseinheit ist die *Nethe*, die dem Gebiet auch den Namen *»Nethegau«* gegeben hat. Ähnlich dem Lipper Bergland ist auch das Brakeler Bergland ein abwechselungsreiches Gebiet mit Buchenmischwäldern in den Höhenlagen und landwirtschaftlichen Nutzflächen in den breiten Tälern.

Bei Höxter fällt das Bergland der Brakeler Muschelkalkschwelle mit

Blick über das romantische Wesertal auf das Kloster Corvey

steilen Klippen zum *Tal der Weser* ab. Im Wesertal selbst bilden Auenlehme und Schotterterrassen die obere geologische Schicht. Der Weserkies wird an vielen Stellen abgebaut; die dabei entstandenen Baggerseen bestimmen das Landschaftsbild entlang der Weser.

Westlich des Eggegebirges liegt mit der ***Paderborner Hochfläche*** die größte *Karstlandschaft* Westfalens. Der Kalksteinuntergrund dieser Landschaft ist klüftig, das Regenwasser hat ihn viele Jahrtausende ausgewaschen; es bildeten sich Hohlräume und sogenannte *»Erdfälle«* oder *»Dolinen«*, typische Elemente einer Karstlandschaft.

Die Fließgewässer in den breiten Kastentälern der Paderborner Hochfläche führen meist viel Wasser und können trotzdem periodisch trocken fallen; der Rest der Hochfläche ist durch überwiegend trockene Böden geprägt. Auf dem klüftigen Kalksteinuntergrund ist eine dicke, fruchtbare Lössschicht abgelagert. Diese fruchtbaren Böden wurden bereits im Mittelalter landwirtschaftlich genutzt.

Allerdings erwies sich die Trockenheit des Gebiets für die mittelalterliche Weidewirtschaft als höchst nachteilig: Deshalb wurden nach den Fehden und Pestepidemien des 14. Jahrhunderts viele der zerstörten Dörfer auf der Paderborner Hochfläche nicht wieder aufgebaut; ihre Bewohner siedelten sich in den weniger kargen Randzonen an. Heute werden die fruchtbaren Böden der Region intensiv als Ackerland genutzt.

Teutoburger Wald und Eggegebirge stellen eine erste Barriere dar, die die per Westwind vom Meer herangetragenen Wolken zu überwinden haben. Diese Ausgangslage prägt das Klima im Naturpark und sorgt für die Ausbildung einer sogenannten *unscharfen Klimagrenze*. Damit ist der Übergangsbereich von *atlantisch getöntem Klima* (westlich des Kammes) zu *kontinental getöntem Klima* (östlich des Gebirgszuges) gemeint. Im atlantischen Klimabereich sind die Winter meist mild, die Sommer mäßig warm und die Niederschläge gleichmäßig über das Jahr verteilt. Unter dem Einfluss kontinentalen Klimas sind Winter eher kälter, Sommer eher wärmer und es fallen geringere Niederschlagsmengen.

Durch die Lage von Teutoburger Wald und Eggegebirge werden die vorwiegend westlichen Winde besonders

Seltener Frühblüher: das Leberblümchen

am Eggegebirge gestaut. Bei der Überquerung der Gebirge kommt es zu *Steigungsregen* und durch die hohe Luftfeuchtigkeit oft zu *Talnebeln* an der Westseite der Gebirge. Auf der Ostseite der Höhenzüge sinken die Luftmassen wieder herab, die Luft wird trockener und entsprechend geringer fallen hier die Niederschlagsmengen aus.

So betragen die *durchschnittlichen jährlichen Niederschläge* im westlichen Vorland des Naturparks etwa 800 mm, in den Kammlagen der Gebirge 1.300 mm und östlich davon bei Warburg nur 600 mm. Dort, im niederschlagsärmsten Gebiet Westfalens, gibt es auf den durchlässigen Kalkböden zwischen *Diemel* und *Twiste* noch große Flächen mit den seltenen Kalkmagerrasen, deren Pflanzen an die Trockenheit angepasst sind. Im übrigen Bereich des Naturparks begünstigen die Niederschlagsmengen Buchenwaldgesellschaften, deren Artenzusammensetzung vom jeweiligen Untergrund abhängt. Insgesamt ist das ausgeglichene Waldklima im Naturpark als *»Schonklima«* mit leichten bis mäßigen Klimareizen zu charakterisieren.

Die Grenze zwischen atlantischem und kontinentalem Klima kann man im Naturpark am Vorkommen mehrerer Pflanzenarten erkennen; die Region bildet für viele kontinental verbreitete Waldpflanzen den Nordwestrand ihres Verbreitungsgebiets. Zu diesen Arten gehören *Schwalbenwurz, Hohler Ler-*

chensporn, Geflecktes Lungenkraut und *Leberblümchen.*

Auch eine auffällige Strauchart der Buchenwälder erreicht im Naturpark ihre südöstliche Verbreitungsgrenze: die *Stechpalme.* Dieser immergrüne Strauch verträgt als Pflanze des atlantischen Klimabereichs keinen strengen Frost. Die Stechpalme wächst in den Wäldern von Eggegebirge und Teutoburger Wald und bildet dort manchmal ausgedehnte Dickichte; in den weiter ostwärts liegenden Wäldern des Lipper Berglandes kommt sie hingegen nicht mehr vor.

Rote Beeren tragend: die Stechpalme, früher auch »Hülse« genannt

Klima Erlebnis Routen

Die **KlimaErlebnisRouten** sind ein ganz neues Angebot im Naturpark Teutoburger Wald / Eggegebirge. Auf diesen Wegen kann man nicht nur die herrliche Landschaft erleben, sondern auch etwas über die Wechselwirkungen von Klima, Natur und menschlicher Gesundheit erfahren.

Unter dem Motto »*Klima ist Dynamik – Klima ist Vielfalt*« erfährt man, wie vielfältig die Wirkungen des Klimas sein können: Wie sich die Klimaverhältnisse historischer Zeiten noch heute in der Landschaft widerspiegeln, in welcher Weise die heutigen Klimabedingungen die Pflanzen- und Tierwelt im Naturpark sowie die Menschen in der Region beeinflussen und wie sich der Naturpark mit dem Klimawandel voraussichtlich verändern wird.

Die KlimaErlebnisRouten geben mit ihren unterschiedlichen Längen- und Schwierigkeitsgraden jedem Wanderer die Möglichkeit, eine seinen Bedürfnissen angemessene Strecke zu finden. Körperlich anspruchsvoller sind die Wege nahe den Klöstern Dalheim bei Lichtenau und Hardehausen bei Warburg sowie der Wanderweg hinauf zum Velmerstot, dem höchsten Berg des Eggegebirges. Nicht minder eindrucksvoll und spannend sind die leichteren Routen rund um den Hiddeser Bent sowie im Lippspringer Wald.

Weitere Infos zu den KlimaErlebnisRouten und dem begleitenden Wanderführer unter ⇨ **www.naturpark-teutoburgerwald.de**

Wälder – Seit dem Ende der letzten Eiszeit herrschen im Gebiet des heutigen Naturparks, jeweils abhängig von der lokalen Bodenart, verschiedene charakteristische *Buchenwaldtypen* vor. Würde der Mensch nicht Einfluss nehmen, wäre nahezu die gesamte Region ein großes Waldgebiet. Auf Grundlage dieser natürlichen Gegebenheiten hat sich jedoch durch den Einfluss des Menschen im Verlauf von vielen Jahrhunderten das heutige Landschaftsbild entwickelt: eine relativ kleinräumig gegliederte Landschaft mit einer großen Vielfalt an Lebensräumen.

Es gibt im Naturpark keine vom Menschen unbeeinflusste Naturlandschaft; Fachleute können trefflich darüber streiten, ob es so etwas überhaupt irgendwo in Deutschland gibt. Es gibt aber eine ganze Anzahl *naturnaher Waldlebensräume*, von denen die Buchenwaldgebiete im Teutoburger Wald, im Eggegebirge und im lippischen Südosten die größten sind.

Unter natürlichen Bedingungen würden auf fast allen Waldstandorten Westfalens Buchenwälder wachsen; ihre Hauptbaumart, die *Rotbuche*, ist die erfolgreichste Baumart im nacheiszeitlichen Mitteleuropa. Von sehr nährstoffarmen oder staunassen Böden abgesehen sind Rotbuchen von den norddeutschen Ebenen bis in die montanen Bereiche der Alpen allen anderen Baumarten an Konkurrenzkraft überlegen. Buchen gedeihen besonders gut an Standorten mit luftfeuchtem Klima und ausgeglichener Niederschlagsverteilung: nicht zu trocken, aber auch nicht zu nass. Forstleute bezeichnen solche Standorte als »frisch«.

Der Untergrund entscheidet dabei, was für Buchenwälder an den jeweiligen Standorten vorkommen: Auf Sandstein, wie der mittleren Kette des Teutoburger Waldes, dem Kamm des Eggegebirges und Teilen des Lipper Berglandes, wachsen *Hainsimsen-Buchenwälder*. Dieser Buchenwaldtyp auf sauren, silikathaltigen Böden ist relativ artenarm; die *Weiße Hainsimse* ist die charakteristische Art dieses Waldtyps.

Hainsimsen-Buchenwälder sind oft als »*Hallenwälder*« ausgeprägt, in denen nahezu gleichaltrige Buchenstämme wie Säulen einer Halle emporragen und ein dichtes Blätterdach tragen. Im Buchenhallenwald fehlen Jungbäume und Sträucher; krautige Pflanzen wachsen nur spärlich in der dicken Falllaubschicht. Bestände an sonnenexponierten Hängen können stärker vergrast sein, hier kommen dann oft große Flächen mit der *Geschlängelten Schmiele* unter lichteren Buchenbeständen vor. In Schattenlagen kommen auf Silikatböden *Sauerklee-Hainsimsen-Buchenwald* mit viel *Sauerklee* und farnreicher Buchenwald mit *Wurmfarn* und *Frauenfarn* vor.

Buchenwälder, die auf Böden über kalkhaltigem Gestein wachsen, sind hingegen artenreich und weisen eine üppige Krautschicht auf. Solche Stand-

Perlgras-Buchenwald im Frühling

orte sind die südliche und die nördliche Kette des Teutoburger Waldes, die Paderborner Hochfläche, die Brakeler Muschelkalkschwelle und Teile des Nordlippischen Berglands.

Je nach Bodenauflage, Wassergehalt der Böden, Höhenlage und Exposition können die Buchenwälder solcher »reicheren« Standorte ganz unterschiedlich ausgeprägt sein. Der Grundtyp dieser Waldgesellschaften auf Kalk ist der *Waldmeister-Buchenwald* mit seinen großen *Waldmeister*-Teppichen, der auf tiefgründigen Lehmböden vorkommt. In ihm kann sich das *Einblütige Perlgras* durch seine Fähigkeit zur Herdenbildung so stark ausbreiten, dass es aspektbeherrschend wird und wenig Raum für andere Arten lässt. Dieser *Perlgras-Buchenwald* ist im Naturpark recht häufig.

Blühender Waldmeister

Orchideen-Buchenwald (auch *Seggen-Buchenwald* genannt) wächst auf südexponierten kalkschotterhaltigen Böden. Das *Weiße Waldvögelein,* eine Orchideenart dieser Wälder, hat im Teutoburger Wald seinen nordrhein-westfälischen Verbreitungsschwerpunkt. Der weniger wärmebedürftige *Waldgersten-Buchenwald* kommt in den Wäldern des Naturparks an nordexponierten Hängen vor. Ein besonders beeindruckendes Bild gibt dieser Buchenwaldtyp auf Kalkböden zur Zeit der Bärlauchblüte im Frühjahr ab: An feuchten Stellen bedeckt dann weißblühender *Bärlauch* den gesamten Waldboden wie ein tiefgrüner Teppich mit weißen Tupfen *(Foto S. 22)* und der ganze Wald duftet appetitanregend nach Knoblauch.

Besonders auf den Sandsteinkämmen von Teutoburger Wald und Egge wachsen auch großflächig *Fichtenforste*. Fichten sind in der Region nicht heimisch; die anspruchslose Baumart wird erst seit etwa 1750 gepflanzt. Auch die *Kiefernwälder* der Senne sind im Zuge von Kultivierungsmaßnahmen gepflanzt worden. Ursprünglich wuchsen Kiefern nur an wenigen Standorten in der Senne und im Umfeld des *Hiddeser Bent* bei Detmold.

Auf nassen, zeitweise überstauten Standorten können Buchen nicht mehr wachsen; hier werden die Buchenwälder durch andere Waldtypen abgelöst, die mit diesen Bedingungen fertig werden: Auf nährstoffreichen Böden sind dies *Erlen-Bruchwälder* mit der *Schwarzerle* als dominierender Baumart, auf den nährstoffarmen Böden der Senne *Birken-Bruchwälder* oder *feuchte Eichen-Birkenwälder*. Bruchwälder sind selten geworden, da sehr viele von ihnen entwässert wurden, um landwirtschaftlich genutzt zu werden. Nur die recht häufige Ortsbezeichnung *»Bruch«* weist heute noch auf ehemalige Bruchwälder hin.

Entlang von Bächen und kleineren Flüssen wachsen *Bach-Erlen-Eschenwälder*, in denen – wie der Name schon sagt – *Schwarzerlen* und *Eschen* die dominierenden Baumarten sind, zu denen sich in der Senne noch die *Gewöhnliche Traubenkirsche* hinzugesellt. Diese Wälder sind in der von der Landwirtschaft genutzten Kulturlandschaft meist als *Galeriewald*, als schmaler Streifen in unmittelbarer Nähe der Gewässer, ausgebildet und schlängeln sich mit ihnen als grünes Baum-Band durch die Agrarlandschaft.

Im jungen Grün einer Rotbuche lauert eine Radnetzspinne auf Beute

Die größeren Bäche und Flüsse in breiten Tälern waren in der Naturlandschaft von *Auenwäldern* mit *Weiden* und *Eschen* gesäumt, die regelmäßig bei Hochwasser überschwemmt wurden. Da die Flusstäler in der Kulturlandschaft fast überall als Weideland genutzt werden, sind im Naturpark heute nur noch wenige Relikte von Auenwäldern zu finden.

Historische Formen der Waldnutzung – Die natürliche Vegetation auf den meisten Standorten im Naturpark ist *Buchenmischwald*. Durch den Einfluss des Menschen hat sich dieses recht einheitliche Bild erheblich verändert. Die Bördelandschaften, das Blomberger Becken und die Herforder Mulde mit ihren fruchtbaren Böden wurden schon sehr früh entwaldet und zu Ackerland kultiviert. Und auch die verbleibenden Waldgebiete wurden schon früh in vielfältiger Weise genutzt und so verändert (⇨ **Exkurs S. 28**).

Früher ein alltäglicher Anblick: Ziegenhude im Wald

Die großen Waldgebiete des Teutoburger Waldes, die Höhenlagen des Lipper Berglandes und der Brakeler Muschelkalkschwelle wurden im Laufe des Mittelalters urbar gemacht. Oft wurden Klöster inmitten der großen Waldungen gegründet (z.B. *Falkenhagen*), deren Mönche dann die umgebenden Wälder rodeten und kultivierten. Mit der Bevölkerungszunahme im Mittelalter wurden häufig auch die weniger guten Böden in den höheren Lagen unter den Pflug genommen und in bisher kaum besiedelten Waldgebieten Siedlungen gegründet. Im Hochmittelalter glichen weite Landstriche, die heute Hochwald tragen, eher einer Parklandschaft.

Eine Reihe von Gründen setzte dieser mittelalterlichen Ausbauphase ein Ende. Infolge der »kleinen Eiszeit«, einer Kälteperiode ab etwa 1300, nach Fehden und Grenzstreitigkeiten und vor allem der Bevölkerungsdezimierung durch die Pestwellen des 14. Jahrhunderts wurden viele Siedlungen samt der landwirtschaftlichen Nutzflächen in weniger günstigen Lagen wieder aufgegeben, so etwa die Stadt *Blankenrode*, die im 14. Jahrhundert wüst fiel.

Erst nach dem 30-jährigen Krieg wurde die Nutzung der Waldgebiete wieder intensiviert, Brennholznutzung und Waldhude veränderten das Bild der Landschaft. Pferde, Rinder und vor allem Schweine wurden zur Weide in die Wälder getrieben und verbissen Jungbäume und Sträucher. Im Extremfall blieben in solchen *Hudewäldern* nur die Mastbäume (Eichen und Buchen) ihrer Früchte wegen in der ansonsten weitgehend offenen Buschlandschaft stehen. Besonders verheerend wirkte sich die Ziegenhude auf die Wälder aus, denn Ziegen verbeißen Gehölze sehr stark und lassen mittelfristig vom Wald nichts übrig.

Bis zur zweiten Hälfte des 19. Jahrhunderts war die landwirtschaftliche Nutzung des Waldes Existenzgrundlage vieler Menschen, vor allem der ärmeren Bevölkerungsschichten. Das Verbot der Hude, vor allem der Ziegenhude, traf besonders die »kleinen Leute«, die weder die finanziellen Mittel noch die Futtermöglichkeiten für Großviehhaltung hatten und auf ihre Ziegen angewiesen waren. Im Fürstentum Lippe wurde die Ziegenhude zunächst bereits 1579 verboten, das Verbot wurde aber in Krisenzeiten (bspw. nach dem Siebenjährigen Krieg 1763) mehrmals aufgehoben und wieder erneuert. Zu Beginn des 19. Jahrhunderts wurde die Ziegenhude zumindest teilweise wieder erlaubt und erst 1850 endgültig verboten.

Ähnlich war die Situation auch in anderen Teilen des heutigen Naturparks: In Neuenheerse konnten sich die Forstleute erst 1840/41 mit der Forderung durchsetzen, in den Mastjahren (dann wurden besonders viele Schweine in die Wälder getrieben, um Eicheln und Bucheckern zu fressen) ein Fünftel der Waldflächen einzuzäunen und vor den »gefräßigen Viechern« zu schützen.

Die Wälder besonders des Eggegebirges wurden aber auch von früher gewerblicher Nutzung in Mitleidenschaft gezogen: Glashütten, Köhlereien und – vor allem im Raum Altenbeken und Borlinghausen – Eisengewerbe brauchten für ihre Fertigungsprozesse große Mengen Holz: zur Glasschmelze, für die Holzkohleproduktion und für die Metallverhüttung.

Knorrige Altbäume sind oft Relikte früherer Hude- oder Niederwälder

Aus den ursprünglichen Wäldern wurden Niederwald, Hudewald oder dort, wo der Wald zerstört und intensiv beweidet wurde, Heideflächen und Magerrasen. Das war vor allem an solchen Standorten der Fall, wo die Waldvegetation ohnehin an ihre Leistungsgrenzen stieß wie in der Senne, im Bereich der Warburger Trockenzone sowie auf dem *Mörth* im Schwalenberger Wald.

Historische Waldnutzungen

Hudewald: Der Begriff »Hude« leitet sich von »hüten« ab; ein Hudewald wurde als Gemeinschaftsweide genutzt, überwiegend für Schweine und Ziegen, aber auch für Pferde. Die Tiere ernährten sich im Wald von den Früchten der Bäume – vor allem Eicheln –, von Kräutern und von den Trieben junger Bäume. Durch die Beweidung änderte sich die Artenzusammensetzung des Waldes: fruchttragende Bäume (Masteichen und -buchen) wurden gefördert, Baumjungwuchs und nicht beweidungstolerante Kräuter wurden zurückgedrängt. So entstanden lichte, parkartige Wälder mit wenig Unterwuchs und großkronigen alten Bäumen. Mit der Entflechtung von Land- und Forstwirtschaft wurde die Waldhude ab der Mitte des 18. Jahrhunderts abgeschafft.

Niederwald: Im Niederwald werden junge Bäume nach 15 bis 25 Jahren gekappt. Die Wurzelstöcke bleiben erhalten und schlagen neu aus; gut ausschlagfähige Arten wie Hasel, Hainbuche, Linde, Esche und Ahorn profitieren von dieser Nutzungsweise. Ein Niederwald wird in Schläge aufgeteilt, jährlich abzuholzenden Sektoren, deren Zahl den Jahren der Umtriebszeit entspricht. Bei einer Umtriebszeit von 20 Jahren werden 20 Schläge benötigt, um jedes Jahr einen Schlag nutzen zu können. Bereits die Römer praktizierten die Niederwaldwirtschaft, die in Deutschland bis zur Mitte des 20. Jahrhunderts weit verbreitet blieb. Auffälligstes Merkmal der Bäume in einem alten Niederwald ist deren Mehrstämmigkeit.
Warum der ganze Aufwand? Dafür gibt es verschiedene Gründe: Die meisten Niederwälder wurden zur Produktion von Brennholz und Holzkohle genutzt, denn durch die Niederwaldwirtschaft erhält man hohe Holzerträge in kurzer Zeit. Eichenniederwald diente zur Gewinnung von Eichenrinde für die Gerberei, Weidenniederwald zur Gewinnung von Ruten für die Korbflechterei. Allen Formen gemeinsam ist, dass neben der Haupt- auch weitere Nebennutzungen eingeführt werden konnten, wie etwa Laubnutzung, Streunutzung, Feldfruchtanbau oder Vieheintrieb. – Am *Rinnenberg* in Extertal-Bremke wurde die historische Nutzung eines Niederwaldes wieder aufgenommen; hier kann man besonders die Schlageinteilung gut erkennen.

Schneitelung: Bäume, deren Äste regelmäßig entfernt werden, nennt man Schneitelbäume. Durch den Schnitt bildet sich im Laufe der Zeit eine Verdickung, der »Kopf«. Heute sind Kopfweiden die häufigsten Schneitelbäume, früher wurden auch zahlreiche andere Baumarten wie Eschen, Pappeln oder Hainbuchen geschneitelt. Das Schneiteln diente der Flechtruten- oder Vieh-

Durch *Überweidung*, zu häufige Entnahme von Biomasse (*Laubstreu-, Plaggenentnahme*) oder *Trockenlegung* von Moorböden wurden die Standorte so nachhaltig gestört, dass Wald dort nicht mehr gedeihen konnte. Es entstand sogenanntes »Ödland«: etwa Heideflächen – heute ein seltener, schützenswerter Lebensraum, damals Endstadium dauerhafter Umweltzerstörung. Zeitzeugen des 18. Jahrhunderts berichteten von langen Wanderungen durch das Land, ohne dass ein einziger Baum zu sehen war.

In dieser Situation begann man ab 1750 mit planmäßigen Wiederaufforstungen und führte eine *geregelte Forstwirtschaft* ein, deren Ziel die Erhaltung und Ertragsoptimierung der Wälder war. Das war zunächst nicht immer von Erfolg gekrönt. Viele Wälder waren stark aufgelichtet und viele Waldböden für eine Aufforstung mit anspruchvollen Laubhölzern nicht mehr geeignet. Sie konnten nur noch mit anspruchslosen Baumarten wie Fichten oder Kiefern besiedelt werden.

In Neuenheerse beispielsweise hatte man bereits 1813 vielerorts mit der planmäßigen Bewirtschaftung der verbliebenen Laubholzbestände begonnen. Da die erwünschte Verjüngung der Laubwälder ausblieb und die Flächen mit Heidekraut und Birken verbuschten, begann man 1838 mit der Umwandlung in Fichtenbestände. Ähnliche Erfahrungen machte man auch anderenorts und so beherrscht heute insbesondere auf Sandstein die Fichte große Flächen sowohl im Eggegebirge als auch im Teutoburger Wald.

futtergewinnung. Die Salweide *(Salix caprea)* bekam ihren Artnamen *caprea* (capra = Ziege), weil ihr Laub als Ziegenfutter erhebliche wirtschaftliche Bedeutung hatte.

Laubstreunutzung: Laub wurde als Einstreu für die Viehställe und als Viehfutter genutzt. Da dem Waldboden bei Laubstreunutzung die Nährstoffe aus dem Laub nicht mehr zur Verfügung stehen, verarmt der Boden allmählich.

Plaggenwirtschaft: Als Plaggenwirtschaft oder Plaggenhieb bezeichnet man ein Verfahren zur Gewinnung von Einstreu für Viehställe und zur Düngung von Feldern. Auf Heideflächen oder im Wald wird die obere Bodenschicht mit ihrem Bewuchs (Heidekraut, Gräser, Kräuter) abgetragen und als Einstreu in den Ställen benutzt; anschließend wird sie zusammen mit den Exkrementen der Tiere auf Äckern als Düngung aufgebracht. Da mit diesem Verfahren regelmäßig der nährstoffreichste Teil des Bodens entfernt wird, laugen die Böden unter der Plaggenwirtschaft sehr schnell aus.

Moore gehören zu den wenigen waldfreien Flächen in der ursprünglichen Naturlandschaft Mitteleuropas. Dicke *Torfmoos*schichten wechseln sich mit Moortümpeln und *Sauergräsern* ab. Für Bäume ist das Moor zu sauerstoffarm, zu nass und zu sauer. An den Rändern der Moore wachsen *Moorbirken* und *Schwarzerlen,* Bäume, die an Nässe und Sauerstoffarmut angepasst sind. Im Naturpark gibt es heute nur noch wenige lebende Moore. Hierbei handelt es sich um Regenwassermoore, die in Mulden über wasserundurchlässigen Bodenschichten entstanden sind. Sie haben keinen Kontakt zum Grundwasser und sind auf Regenwasser angewiesen.

Eines der größeren Moore im Naturpark ist das »*Hiddeser Bent*« bei Detmold; in ihm wächst die stark gefährdete *Hochmoorbult-Gesellschaft.* Auf dem *Mörth* bei Schieder-Schwalenberg konnte durch Wiedervernässungsmaßnahmen eine Regeneration des Hochmoors und die Ausbreitung typischer Moorpflanzen wie *Torfmoos* und *Wollgras* angeregt werden.

Die kleinen Moore in der Senne entwickelten sich in den Ausblasungswannen der Binnendünen über wasserundurchlässigen Geschiebelehmen; sie werden als *Heidemoore* bezeichnet. Auch hier wächst die Hochmoorbult-Gesellschaft mit ihren ebenso schönen wie seltenen Pflanzenarten: *Mittleres Torfmoos, Glockenheide* und *Scheidiges Wollgras.*

Auch am regenreichen Westhang des Eggegebirges finden wir Moore: Das Naturschutzgebiet »*Eselsbett und Schwarzes Bruch*« bei Lichtenau ist ein ausgedehntes Moorgebiet mit feuchten und nassen Grünlandbereichen, wertvollem *Borstgrasrasen* und einem großen Hochmoorareal im Zentrum. Gegliedert wird es durch mehrere Quellbäche. Botanische Besonderheiten sind der *Rundblättrige Sonnentau* sowie die *Arnika.*

Wollgrasbestand im Hiddeser Bent

Sämtliche ***Heideflächen*** im Naturpark sind durch den Einfluss des Menschen entstanden: durch Brandrodung, Überweidung, Plaggenentnahme oder Trockenlegung. Es sind *Ersatzgesellschaften,* die überall dort entstanden, wo Bäume stets verdrängt und die Böden durch Übernutzung zu stark ausgelaugt wurden. *Feuchtheiden* entstanden als Ersatzgesellschaften für Birken-

Ein Mosaik aus Grünland und Wald – Lebensraum vieler Tier- und Pflanzenarten

bruchwälder und Eichen-Birkenwälder, *trockene Heiden* als Ersatz für Eichen-Hainbuchen- oder Buchenwälder. Heideflächen sind heute wertvolle Lebensräume für seltene Tier- und Pflanzenarten. Sie können nur erhalten werden, indem die früheren Nutzungen weitergeführt oder durch Pflegemaßnahmen ersetzt werden. Die meisten Heideflächen des Naturparks liegen im Bereich des Naturschutzgroßprojekts.

Grünland gibt es im Naturpark in ganz unterschiedlichen Formen, von den seltenen *Magerrasen* über das »ganz normale« *Wirtschaftsgrünland* bis zu den ebenfalls seltenen *Feuchtwiesen*. Grünlandflächen sind durch den Einfluss des Menschen entstanden, durch Weidewirtschaft oder Mahd. Je nach Lage, Bodenqualität und Feuchtigkeit entstanden ganz unterschiedliche Lebensräume für Pflanzen und Tiere, die sich mit ihrem Lebens- und Entwicklungszyklus auf die Bewirtschaftungsbedingungen einstellen konnten.

Wirtschaftsgrünland ist zumeist artenarm; durch intensive Bewirtschaftung wie Düngung und häufige Mahd oder Beweidung werden auf solchen Flächen jene Grasarten gefördert, die hohe Erträge bringen. *Weidelgras* und *Weißklee* sind die charakteristischen Arten dieser Wiesen und Weiden, die auch als Fettwiesen bezeichnet werden.

Zum Wirtschaftsgrünland gehören auch die *Streuobstwiesen*, früher ein unverzichtbarer Bestandteil eines jeden Hofs, bis Rodungsprämien und Nutzungsaufgabe die Bestände dezimierten. Auf einer Streuobstwiese wachsen hochstämmige Obstbäume verschiedenster Sorten und oft unterschiedlichen Alters. Sie bedürfen regelmäßiger Pflege, sind aber für das Landschaftsbild und als Lebensraum so wichtig, dass viele Naturschutz- und Heimatvereine alte Obstwiesen pflegen und neue anlegen. Für Menschen ein hübscher Anblick, sind sie für viele seltene Tierarten wie den *Steinkauz* ein strukturreicher Lebensraum, eine

Der Feld-Thymian, charakteristische Art trockener Standorte mit unverwechselbarem Duft

Kombination aus Grünland und Wald. Mindestens vier *Apfelsorten* haben ihren Ursprung im Naturpark und sind auf manchen Streuobstwiesen, an den *Streuobstlehrpfaden* in Marienmünster und Brakel, im Freilichtmuseum Detmold und in einigen Hausgärten noch zu finden: *Extertaler* (wegen der graubraunen, rauen Schale auch »Lippische Steckrübe« genannt), *Tannkrüger, Biesterfelder* und *Brakeler Renette.*

Magerrasen wachsen auf trockenen und nährstoffarmen Standorten. Damit unterscheiden sie sich deutlich von den *Fettwiesen,* also den »normalen« Wiesen. Magerrasen wachsen weniger üppig, sie sind aber meist blüten- und artenreich. Sie sind an eine extensive Bewirtschaftung angepasst.

Magerrasen waren im Naturpark noch vor hundert Jahren vor allem auf der niederschlagsarmen Ostseite des Eggegebirges weit verbreitet. Sie entstanden durch Ziegen- und Schafbeweidung an südexponierten Hängen mit einer nur dünnen Bodenschicht, in der das Regenwasser mitsamt der Nährstoffe schnell versickerte. An solchen Standorten wuchs ursprünglich *Orchideen-Buchenwald;* sind die Bäume dort erstmal verschwunden, können sich nur noch solche Pflanzen ansiedeln, die eine hohe Trockenheitstoleranz besitzen. Die meisten dieser Arten könnten auch auf besser versorgten Standorten wachsen. Dort unterliegen sie aber aufgrund ihrer geringen Konkurrenzkraft anderen Pflanzen.

Je nach Bodenverhältnissen wachsen auf Magerrasen ganz unterschiedliche Pflanzen. Bei den Magerrasen östlich des Eggegebirges handelt es sich überwiegend um *Kalkmagerrasen,* die an basenreiche Böden gebunden sind. Kalkmagerrasen wie der *Enzian-Fiederzwenkenrasen* und der *Trespen-Halbtrockenrasen* gehören zu Mitteleuropas artenreichsten Pflanzengesellschaften. In ihnen wachsen seltene Orchideenarten wie *Helm-Knabenkraut* und *Fliegenorchis, Enzianarten, Stengellose Kratzdistel* und *Silberdistel.* In den niedrigen Blütenteppich eingestreute *Wacholdersträucher* lassen manchen Magerrasen wie einen von Meisterhand gestalteten Park erscheinen.

Westlich von Warburg, zwischen Welda, Germete und Ossendorf, liegt das mit über 700 ha *größte zusammenhängende Kalkmagerrasengebiet Nordwestdeutschlands*. Diese Landschaft im äußersten Südwesten des Naturparks liegt im doppelten Regenschatten von Eggegebirge und Sauerland und ist das niederschlagsärmste Gebiet Westfalens. Auch im Bereich der Brakeler Muschelkalkschwelle, bei Höxter-Ottbergen und Höxter-Bruchhausen, gibt es eindrucksvolle Kalkmagerrasen, ebenso bei Willebadessen, wo der Ortsrundwanderweg »*Hitgenheierweg*« (auch »*Ziegenhirtenweg*« genannt) zu den schönen Kalkmagerrasen am Sankt-Georgs-Berg führt.

Magerrasen kalkfreier Standorte unterscheiden sich von den Kalkmagerrasen in ihrer Artenzusammensetzung, der Gesamteindruck ist aber ähnlich: zierliche Kräuter, schüttere Gräser und niedrige Zwergsträucher bestimmen das Bild (z.B. *Thymian-Schafschwingelrasen*, in dem große Thymianpolster besonders auffallen und der auf sauren und basenarmen Substraten vorkommt).

Auf den Sanddünen der Senne wachsen Magerrasen, deren Arten an das extrem nährstoffarme und besiedlungsfeindliche Substrat angepasst sind wie die *Frühlingsspark-Silbergrasflur* mit den bläulichen Horsten des *Silbergrases*, dem unscheinbaren, aber sehr seltenen *Frühlingsspark* und der *Sandsegge* mit ihren wie eine Nähmaschinennaht wirkenden Ausläufern. *Heidenelke* und *Berg-Sandglöckchen* bereichern die Sandtrockenrasen der Senne mit ihren leuchtenden Blütenfarben.

Filigrane Schönheit auf Feuchtwiesen: Einzelblüte der Kuckuckslichtnelke

Feuchtwiesen sind wertvolle und artenreiche Lebensräume in den Tälern von Flüssen und Bächen. Sie wachsen auf feuchten und wechselfeuchten Standorten, die saisonal überspült werden, im Sommer aber auch abtrocknen, so dass sie gemäht oder beweidet werden können.

Bei den Feuchtwiesen im Naturpark handelt es sich überwiegend um *Sumpfdotterblumenwiesen* und *Kohldistelwiesen*, auf denen Feuchtigkeit liebende Arten wie *Wiesenschaumkraut* und *Kuckuckslichtnelke* oft in großen Beständen vorkommen. Auch *Bach-Nelkenwurz*, *Wald-Engelwurz* und Orchideen wie das *Breitblättrige Knabenkraut* sind an diese nassen und nährstoffreichen Standorte angepasst. Früher kam diese schöne Orchidee, die sehr empfindlich auf Kunstdünger reagiert, in großen Beständen etwa entlang der Emmer vor; heute ist sie durch Entwässerung und Düngung der Feuchtwiesen nur noch selten zu finden.

Eine besondere Form von Feuchtwiesen, die *Flößwiesen*, gibt es in den Kastentälern der Senne, etwa am Haustenbach und am Roten Bach bei Schlangen-Oesterholz. Früher wurden diese Wiesen regelmäßig geflutet. Die Maßnahme diente der Düngung: Das Bachwasser brachte Nährstoffe mit, die sich auf den gefluteten Wiesen absetzten und sie fruchtbar machten.

Feuchtwiesen dienen nicht nur als Lebensraum selten gewordener Pflanzen, sie sind wichtiger Nahrungsraum seltener Vogelarten wie *Schwarzstorch, Brachvogel* und *Bekassine.* Entlang der Bega, der Nethe und in der Emmeraue sind große Flächen als Naturschutzgebiete ausgewiesen, um die letzten Feuchtwiesen zu erhalten.

Sumpfdotterblumen zieren im Frühjahr Bachränder und feuchte Wiesen

Wegränder und Wege sind die stetigen Begleiter von Wanderern und Spaziergängern. Sie gehören zu den weniger spektakulären Lebensräumen, trotzdem haben sie für die Kulturlandschaft eine erhebliche Bedeutung: Wege verbinden nicht nur Dörfer und Städte, sie ermöglichen auch den Kontakt zwischen voneinander getrennten Lebensräumen der Flora und Fauna. Wegränder dienen so der *Vernetzung* von Lebensräumen und sind ein *Rückzugsraum* für die Arten der Äcker und Wiesen in einer intensiv genutzten Kulturlandschaft.

Bei genauem Hinsehen erkennt man an den Rändern der Wege durch die *Feldfluren* der Bördelandschaften Ackerwildkräuter, die von den angrenzenden Feldern längst verschwunden sind: *Klatschmohn, Hirtentäschelkraut* oder *Kamille.* Wegränder in einer von Wirtschaftswiesen und Weiden geprägten Landschaft wie dem Nieheimer Becken sind reich an Wiesenkräutern wie *Wiesenkerbel, Wiesen-Bärenklau* und *Wiesen-Margerite*; in feuchten Gräben wachsen die Arten der Feuchtwiesen wie *Mädesüß* und *Blutweiderich.*

Besonders interessante Pflanzen wachsen an den *sandigen Wegrändern* in der Senne und am Sennerand. Hier finden sich noch die sehr selten gewordenen Arten sandiger Äcker und Wiesen wie *Hasenklee* oder *Bauernsenf.* Der *Scharfe Mauerpfeffer* mit seinen leuchtend-gelben Blüten wächst auf extrem trockenen, sandigen oder geschotterten Wegrändern und kommt auch an Straßenrändern und Bahndämmen vor, ebenso wie die *Tripma-*

Wiesenmargariten, Klatschmohn und Kornblumen – eine bunte Mischung von Acker- und Wiesenarten an einem Feldweg

dam, eine alte Zier- und Gemüsepflanze, deren Triebe früher zum Würzen und für Salate verwendet wurden.

An *trockenen Wegrändern* kommen auf kalkhaltigen Substraten Pflanzen der Magerrasen vor wie *Kleines Habichtskraut*, *Thymian* und *Dornige Hauhechel*, ein Halbstrauch mit schönen, hellroten Schmetterlingsblüten; außerdem Arten der Staudenfluren wie *Steinklee* und *Schafgarbe*.

Die Ränder von *Waldwegen* tragen Pflanzen der Waldränder wie *Knoblauchsrauke* und *Knoten-Braunwurz* und in sonnigen Bereichen Arten der Lichtungen und Schläge wie *Schmalblättriges Weidenröschen*, *Wasserdost* oder *Wald-Greiskraut*. Die blütenreichen Wegränder sind Nahrungsraum zahlreicher Insektenarten und für Spaziergänger und Wanderer ein idealer Ort zur Beobachtung von Schmetterlingsarten wie *Tagpfauenauge*, *Landkärtchen* und dem im Eggegebirge häufigen *Kaisermantel*.

Auch der Blick direkt auf einen *nicht asphaltierten Weg* lohnt sich: Auf ihm wachsen zwischen Pflastersteinen und an Fahrspuren Pflanzen, die nicht nur Bodenverdichtung und Trockenheit ertragen, sondern auch gegen Tritt oder Befahren unempfindlich sind: Zu den häufigsten Arten gehören der *Breitwegerich*, dessen Blätter lindernd bei Insektenstichen und Schwellungen wirken, das *Einjährige Rispengras* und das *Gänse-Fingerkraut*. In regelmäßig belaufenen Trittrasen findet man auch den *Zahntrost*, einen dunkelrot blühenden Halbschmarotzer, der wegen seiner späten Blüte für Wildbienen von Bedeutung ist.

Die Wildkatze

(Felis silvestris)

Die Wildkatze, auch Waldkatze genannt, ist das Wappentier des Naturparks Teutoburger Wald / Eggegebirge. Die Tiere sehen Hauskatzen recht ähnlich, sind jedoch mit einer Körperlänge von 80 bis 90 cm und einer Schulterhöhe von 40 cm größer und kräftiger; ein stattlicher Wildkatzenkater kann 10 kg wiegen. Die Fellfarbe schwankt zwischen gelbgrau und dunkelbraun. Charakteristisch sind das weiße Kinn und der weiße Kehlfleck, der sich niemals bis zum Bauch fortsetzt. Der buschige Schwanz ist schwarz geringelt und endet in einer ebenfalls schwarzen und stumpfen Spitze.

Wildkatzen können 12 bis 18 Jahre alt werden. Sie brauchen große, unzerschnittene Laub- oder Mischwälder als Lebensraum. Dort jagen die extrem scheuen und einzelgängerischen Tiere hauptsächlich Mäuse, erbeuten aber auch Hasen, Eichhörnchen und Vögel.

In Deutschland galt die Wildkatze bis auf Restpopulationen in der Eifel und im Harz bereits als ausgestorben: Inzwischen konnte sie aber Dank strenger Schutzmaßnahmen vielerorts wieder nachgewiesen werden. Das ist nicht ganz einfach, denn Wildkatzen sind nachtaktiv, sehr scheu und in der Dunkelheit schwierig von wildfarbigen Hauskatzen zu unterscheiden. Das Wildkatzenvorkommen im Naturpark Teutoburger Wald / Eggegebirge wurde jüngst durch Forschungsergebnisse und Totfunde an Straßen bestätigt.

Früher wurden die Wildkatzenbestände vor allem durch die Jagd dezimiert, heute geht die größte Gefährdung für den Bestand von der Nutzung der Landschaft durch Verkehr, Siedlungsgebiete und Landwirtschaft aus. Dadurch werden die Tiere auf Restlebensräume zurückgedrängt, die wie Inseln im Meer voneinander getrennt liegen. Die dort lebenden kleinen und voneinander isolierten Wildkatzenbestände sind durch Inzucht und Krankheiten gefährdet.

Die vielfältigen Naturräume im Naturpark Teutoburger Wald / Eggegebirge bieten nicht nur einer Vielzahl von Pflanzengesellschaften, sondern auch vielen Tierarten Platz zum Leben. Bei Spaziergängen und Wanderungen in den Wäldern hat man die Möglichkeit, *Reh-, Rot-, Dam- und Schwarzwild* zu Gesicht zu bekommen. Sechs Spechtarten leben hier (*Schwarzspecht, Grau- und Grünspecht, Buntspecht, Klein- und Mittelspecht*), ebenso zahlreiche Amphibien wie die *Erdkröte* und der gelb gefleckte *Feuersalamander.*

Rothirsch im Wildgehege Willebadessen

In den großen und unzerschnittenen Wäldern leben aber auch seltene und störungsempfindliche Arten, die zu sehen zu den ganz besonderen Erlebnissen gehört. Zu diesen Arten gehört der *Schwarzstorch*, der im Gegensatz zu den sehr viel häufigeren *Weißstörchen*, die man im Naturpark regelmäßig in den Emmerwiesen sieht, eine waldbewohnende Art ist. Im Naturpark gibt es gleich mehrere Brutplätze dieser Vogelart, die man mit etwas Glück im Furlbachtal bei Augustdorf, im Nordlippischen Bergland oder im Altenautal bei Lichtenau beobachten kann.

Auf einem Altbaum wartet ein Uhu, die größte Eulenart im Naturpark, auf die Abenddämmerung

Weitere seltene Vogelarten der Wälder des Naturparks sind die *Waldschnepfe*, die in feuchten, moorigen Waldgebieten der Senne und des Teutoburger Waldes vorkommt und das *Haselhuhn*, das vorwiegend in den Wäldern des Eggegebirges mit gut ausgebildeter Kraut- und Strauchschicht zu Hause ist. Auch der *Rotmi-*

Erdkrötenpaar auf dem Weg zum Laichgewässer

Feuersalamander, Bewohner feuchter Waldtäler

Kaisermantel – farbenprächtiger Fleckenfalter im Eggegebirge

lan kommt als typische Mittelgebirgsart in Teutoburger Wald und Eggegebirge vor.

Uhu, Kolkrabe und *Wanderfalke* gehören zu den Tierarten, die sich in den letzten Jahren wieder vermehrt in den Wäldern des Naturparks finden – eine Erfolgsgeschichte. Ebenfalls heimisch in Teutoburger Wald und Eggegebirge ist die *Wildkatze* (⇨ **Exkurs S. 36**), das »Wappentier« und Maskottchen des Naturparks.

Die Wald- und Heidelandschaft der Senne bietet zahlreichen Tierarten, die sehr spezielle Ansprüche haben oder die besonders störungsanfällig sind, geeignete Lebensräume. In dieser vielfältigen, von menschlichen Einflüssen oft fernen Halboffenlandschaft leben seltene Vogelarten wie *Ziegenmelker, Heidelerche* oder *Schwarzkehlchen*, viele der elf *Fledermausarten* des Naturparks, *Waldeidechsen, Schlingnattern* und zahlreiche *Insektenarten*.

An den Fließgewässern des Naturparks kann man recht häufig *Eisvögel, Wasseramseln* und *Gebirgsstelzen* beobachten; in den Auen der größeren Flüsse, an Teichen, Seen und Auskiesungen sieht man regelmäßig *Fischreiher, Kormoran*, verschiedene *Enten-, Rallen-* und *Taucherarten*. Der Norderteich bei Horn-Bad Meinberg, der Schiedersee und die Godelheimer Seenplatte bei Höxter sind wichtige Überwinterungsquartiere für etliche *Zugvögel*.

Zu den außergewöhnlichen Tieren im Naturpark gehören auch die *Wisente*, die in Hardehausen bei Warburg gezüchtet werden (⇨ **S. 112**), und

Senner Pferde, die älteste Pferderasse Deutschlands, weiden seit über 800 Jahren in der Senne – früher halbwild, heute im Rahmen der Kulturlandschaftspflege

die älteste Pferderasse Deutschlands: die *Senner Pferde*. Der Lebensraum dieser erstmals im Jahr 1160 erwähnten, halbwild gehaltenen Pferde erstreckte sich bis ins 20. Jahrhundert hinein über Teile der Senne und die angrenzenden Wälder.

Die Senner Pferde hatten einen erheblichen Einfluss auf die Vegetationsentwicklung der Heiden in der Senne. Seit einigen Jahren sind sie wieder in der Senne zu Hause; sie werden dort in Beweidungsprojekten zur Offenhaltung der Landschaft eingesetzt und können im Naturschutzgebiet Moosheide und auf den Weiden des LWL-Freilichtmuseums Detmold beobachtet werden.

Der Rotmilan ist eine typische Greifvogelart der Mittelgebirge

Die lange und komplexe Geschichte der Region kann hier nur so weit dargestellt werden, wie sie sich im Landschafts- und Städtebild widerspiegelt oder für das Verständnis regionaler Besonderheiten notwendig erscheint. Den Interessierten stehen zahlreiche Publikationen zur Verfügung, von denen einige im Literaturverzeichnis aufgeführt sind.

Frühste Zeugnisse menschlicher Besiedelung stammen aus der mittleren Steinzeit und der Bronzezeit; ein Lager eiszeitlicher Jäger an den Rethlager Quellen bei Detmold gilt als der frühste Siedlungsbefund in der Region. Viele *Steinkammer- und Hügelgräber* liegen in der Nähe der Pässe durch Teutoburger Wald und Eggegebirge, wie in Schlangen-Oesterholz oder bei Bad Driburg. Vielleicht, weil hier schon damals wichtige *Handelsrouten* verliefen, vielleicht aber auch, weil die Gräber in diesen landwirtschaftlich kaum genutzten Waldregionen über die Jahrhunderte hinweg erhalten bleiben konnten.

Die berühmte »*Schlacht am Teutoburger Wald*«, auch »*Varusschlacht*« genannt, im Jahr 9 nach Christus war das erste Ereignis, das die Region ins Licht der Weltgeschichte rückte. Wie man heute vermutet, fand die Schlacht möglicherweise bei Kalkriese im Osnabrücker Land statt; durch den Namen »Teutoburger Wald« und das trutzige *Hermannsdenkmal* (⇨ **Exkurs S. 66**) bei Detmold bleibt dem Naturpark jedoch die Verbundenheit mit dem historischen Ereignis. In der legendären Schlacht besiegte ein Zusammenschluss germanischer Stämme die römischen Legionen unter dem Feldherrn *Publius Quinctilius Varus* und stoppte damit vermutlich die Expansion des römischen Reiches nach Osten. Die Römer sandten einige Jahre nach dem Ereignis noch eine Strafexpedition gegen die Germanen aus, zogen sich in der Folge aber weitgehend aus dem rechtsrheinischen Germanien zurück.

Der römische Historiker *Tacitus* berichtete von den Geschehnissen, bezeichnete den Ort der Schlacht als »*saltus teutoburgiensis*« und nannte den römischen Namen des germanischen Siegers: »*Arminius*«. Ab dem 16. Jahrhundert setzte sich die Theorie durch, dass der bis dahin »Osning« genannte Gebirgszug besagter »Teutoburger Wald« sein müsse und Arminius bekam einen deutschen Namen: Als »*Hermann der Cherusker*« wurde Arminius im 19. Jahrhundert zum Symbol des entflammten deutschen Nationalbewusstseins.

Nach dem Machtverlust der Römer begannen ab dem 4. Jahrhundert die Völkerwanderungen, in deren Verlauf die Region von unterschiedlichen Volksgruppen geprägt wurde, von denen die *Sachsen* und die *Franken* die einflussreichsten waren. Die Sachsen kamen aus dem Raum um die Deutsche Bucht und rückten seit dem 6. Jahr-

Nachbau einer Pfostenschlitzmauer im Archäologischen Freilichtmuseum Oerlinghausen – etwa so war die sächsische Wallanlage auf dem Tönsberg gesichert

hundert in drei Teilverbänden nach Süden vor. Das Frankenreich dehnte sich etwa zeitgleich von Westen her in den hessischen und mitteldeutschen Bereich aus.

Im 7. und 8. Jahrhundert gehörte das Gebiet des heutigen Naturparks zum Grenzland zwischen den beiden Machtblöcken und wurde entsprechend stark befestigt; viele *Wallburgen* der Region wurden während dieser Zeit angelegt oder ausgebaut. Im 8. Jahrhundert versuchten die Franken, die heidnisch geprägten Sachsen zu christianisieren. *Karl der Große* trieb die fränkische Expansion in den Sachsenkriegen voran und gründete 776 die *Karlsburg* mit Kirche und Pfalz in Paderborn.

Auch die Gründung des *Klosters Corvey* stand im Zusammenhang mit der Sachsenmission; Wala, der erste Abt Corveys, war ein Vetter Karls des Großen. Schon kurze Zeit nach seiner Gründung war Corvey als missionarisches, kulturelles und wirtschaftliches Zentrum der Region eines der reichsten Klöster Nordwestdeutschlands.

Die folgenden Jahrhunderte des *Mittelalters* waren geprägt durch Kloster- und Stadtgründungen, durch Aufstieg und Untergang vieler kleinerer

Territorien und ihrer Herren. Mitte des 14. Jahrhunderts wurde die Region wie ganz Europa von Pestepidemien heimgesucht, denen ein Drittel der Bevölkerung erlag.

Zu *Beginn der Neuzeit* bestanden auf dem Gebiet des Naturparks noch die Landesherrschaft des Bischofs von Paderborn und das kleinere Territorium des Abtes von Corvey, außerdem die weltlichen Herrschaften der Grafschaften Ravensberg und Lippe. Die bedeutendsten Städte waren die *Hansestädte* Warburg, Brakel und Lemgo und der Weserhafen Höxter.

Die am Ende des Mittelalters erreichten politischen Grenzen blieben bis um 1800 weitgehend erhalten; im Fall Lippes sogar bis 1947. Sie manifestierten politisch und kulturell eine Zweiteilung des Gebietes in die *weltlich-protestantisch* geprägten Territorien der Grafschaften Lippe und Ravensberg und den *geistlich-katholischen* Einflussbereich des Fürstbistums Paderborn.

Die *Säkularisation* 1803 bedeutete das Ende der geistlichen Herrschaft in der Region und die Auflösung der Klöster. Die Gebäude wurden verkauft, umgenutzt oder abgerissen, viele wertvolle Kunstschätze gingen unwiederbringlich verloren; aus den *Klöstern Dalheim* und *Hardehausen* wurden landwirtschaftliche Domänen, die *Klöster Corvey* und *Gehrden* wurden zu Schlössern umgebaut, das *Kanonissenstift Neuenheerse* wurde zur Versorgungsanstalt für adelige preußische Offizierswitwen.

Nach dem Wiener Kongress 1815 wurden die heute zu den Kreisen Höxter, Paderborn und Bielefeld gehörenden Teile des Naturparks Preußen zugewiesen, Lippe blieb weiterhin selbstständig.

Die *wirtschaftlichen Umbrüche des 19. Jahrhunderts* gingen an der noch wenig industrialisierten Naturparkregion weitgehend vorbei. Mit der Gründung maschineller Spinnereien (wie der in Bielefeld im Jahr 1854) verloren zahlreiche Menschen in der Region ihren Lebensunterhalt, den sie bisher durch die Hausspinnerei und -weberei erwirtschaftet hatten; viele von ihnen wanderten im Zuge dieser Krisenjahre aus. Bielefeld hingegen entwickelte sich zu einem blühenden Industriestandort. Noch um 1900 waren große Teile von Ostwestfalen und Lippe überwiegend landwirtschaftlich geprägt.

Nach der Machtübernahme der *Nationalsozialisten* (1933) spielte insbesondere die Senne bei Paderborn eine große Rolle, da auf dem dortigen *Truppenübungsplatz* der Panzerkrieg entwickelt und erprobt wurde. Zu Beginn des Krieges kamen viele *Zwangsarbeiter und Kriegsgefangene* in die Region: Das »Stammlager 326-VI-L« bei Stukenbrock war das größte Kriegsgefangenenlager in Ostwestfalen. Während des Krieges wurden vor allem die umliegenden industriellen Zentren Bielefeld, Herford und Paderborn stark zerstört.

In der *Nachkriegszeit* wurde die Naturparkregion zunächst der britischen Besatzungszone zugeteilt. Seit 1946/47 sind Ostwestfalen sowie der bis dato unabhängige Freistaat Lippe Teile des Bundeslandes Nordrhein-Westfalen.

Ob Mineralquellen, Heilklima, Moor oder Sole – der Naturpark Teutoburger Wald / Eggegebirge ist reich gesegnet mit den Heilmitteln der Natur. Dieser Reichtum an natürlichen Heilmitteln ist deutschlandweit einmalig und resultiert aus der geologischen Vielfalt der Region.

Schon die lieblichen Landschaftsbilder und das milde Klima wirken wohltuend auf Körper und Geist. Bei Spaziergängen und auf Wanderungen durch die abwechslungsreiche Naturparklandschaft kann man abschalten vom Alltag und neue Kraft finden. »*Mein Herz ist grün vor Wald*« – so beschrieb der Dichter Christian Dietrich Grabbe seine Stimmung während seiner Wanderungen durch das schöne Land, für das sich auch der Heidedichter Hermann Löns begeistern konnte.

Neben der naturnahen Landschaft gehören die vielen Mineral-, Thermal- und Kohlensäurequellen zu den besonderen Schätzen der Region. Hier, mitten im »*Heilgarten Deutschlands*«, haben Heilbäder und Kurorte eine lange und erfolgreiche Tradition. Schon seit dem 16. Jahrhundert sind die wohltuenden Wirkungen der Mineralquellen bekannt und auch die Schwefelmoore werden bereits seit langem therapeutisch genutzt.

Ergänzt werden die klassischen Trink-, Bade- und Inhalationskuren durch neue Therapiemethoden und fernöstliche Heilverfahren; das Angebot der Heilbäder und Kurorte umfasst heute alle Formen der modernen Gesundheitsvorsorge. Von *Aqua-Wellness* bis *Thalasso* gibt es in der Gesundheitsregion zwischen Bielefeld und Warburg alles, was das Leben entspannter, schöner und gesünder macht, und jedes Jahr finden zahllose Menschen neue Kraft für Körper und Geist im *Naturpark Teutoburger Wald / Eggegebirge*.

Bad Driburg liegt umgeben von Wäldern in einem Talkessel östlich des Eggegebirgskamms. Die Stadt erhielt in der Mitte des 13. Jahrhunderts die Stadtrechte und ist damit deutlich jünger als die frühmittelalterliche *Iburg* (⇨ **S.130**), deren Ruine sich auf einem Bergsporn südwestlich des Stadtkerns erhebt. Als Driburg gegründet wurde, spielten die Heilquellen wohl noch keine Rolle – in den unsicheren Zeiten des späten Mittelalters zog es die Bewohner der vielen kleinen Streusiedlungen im Tal hinter die sicheren Mauern einer befestigten Stadt.

Erstmals erwähnt wurden die Driburger Mineralquellen 1669 in der Landesbeschreibung »*Monumenta Paderbornensia*« des Fürstbischofs Ferdinand von Fürstenberg. Auch seine Nachfolger vermehrten den Ruhm der Mineralquellen, deren Wasser bereits damals ins Ausland exportiert wurde,

Links: Der »Diotima-Brunnen« im Kurpark erinnert an Hölderlins Besuch in Bad Driburg

Blick auf Bad Driburg mit der neugotischen Pfarrkirche »St. Peter und Paul«

Erholung in edlem Ambiente: die gräflichen Kuranlagen Bad Driburgs

wo der *»heylsame Trank«* bekannt und beliebt war. Berühmt und wirtschaftlich erfolgreich wurde Driburg aber erst, als *Caspar Heinrich von Sierstorpff* 1782 die Quellen erwarb. Er wurde zum eigentlichen Gründer des Bades, dem zu Ehren eine der Driburger Quellen benannt wurde: der *Caspar-Heinrich-Brunnen*. Die Quellen und Kuranlagen sind noch heute im Besitz der Familie von Oeynhausen-Sierstorpff und eines der erfolgreichsten Wirtschaftsunternehmen der Region.

Der 65 ha große Gräfliche *Kurpark* wurde 2005 zum schönsten Park Nordrhein-Westfalens gekürt. Er beeindruckt die Besucher mit gepflegten Blumenrabatten, altem Baumbestand und zahlreichen Hinweisen auf die berühmtesten Gäste Driburgs: Friedrich Hölderlin und seine *»Diotima«* Susette Gontard, die 1796 in Bad Driburg verweilten, sowie Annette von Droste-Hülshoff, die 1813 und 1818 hier kurte. Durch einen »HaHa-Graben«, eine geschickt versteckte Einfassung, wird ein 7,5 ha großes *Wildgehege* in den Gräflichen Park integriert.

In der Parkanlage befinden sich auch die gräflichen *Kur- und Therapieeinrichtungen*, in denen Erkrankungen des Bewegungsapparates, Herz-Kreislauf-Erkrankungen, Gefäß- und Stoffwechsel-Erkrankungen sowie Magen- und Darm-Erkrankungen behandelt werden können. Neben den Mineralwassern der Caspar-Heinrich-Quelle, Marcus-Quelle und Rabe-Quelle wird für die Therapien auch das in Bad Driburg vorkommende natürliche *Schwefelmoor* eingesetzt.

Zu den Gräflichen Kuranlagen Bad Driburgs gehören auch die im benachbarten ***Bad Hermannsborn***. Obschon bereits im Mittelalter bekannt, wurden die Mineralquellen und Schwefelmoorvorkommen des kleinen Ortes nahe dem Driburger Ortsteil Pömbsen erst seit den 20er Jahren des 19. Jahrhunderts genutzt. 1925 wurde das neobarocke *Kurhaus* mit dem 18 ha großen *Kurpark* geschaffen, dessen Hauptgestaltungselemente die Torgebäude, die Kastanienallee und das große Blumenrondell in der Mitte des Parks sind.

Die erst 1988/89 erschlossene *Thermalquelle* Bad Driburgs wird seit 1994 in der *»Driburger Therme«* zu Therapien und für Wellnessangebote genutzt; sie ist eine bedeutende Ergänzung der natürlichen Mineralquellen. Bad Driburg ist nicht nur ein erfolgreicher Kurort; die Stadt war und ist auch für *Glasproduktion* und *Glashandel* bekannt, neben dem Kurbetrieb noch heute ein wichtiger Wirtschaftsfaktor.

Reizvolle Ausflugs- und Besichtigungsziele bieten die Driburger Ortsteile und die nähere Umgebung: *Burg* und *Stadt Dringenberg*, einst Sommerresidenz der Paderborner Fürstbischöfe, der *Eggedom* in Neuenheerse oder das dem Dichter F. W. Weber gewidmete *Museum* in Alhausen. Friedrich Wilhelm Weber setzte der lieblichen Driburger Landschaft in seinem Werk »Dreizehnlinden« ein Denkmal. Der 15 Kilometer lange *Dreizehnlindenweg*, der an der Iburg vorbeiführt, erinnert an Dichter und Werk ebenso wie das *Weberkreuz* nahe dem St.-Joseph-Hospital.

Der 18 Kilometer lange Rundwanderweg *Sachsenring* führt den Wanderer um Bad Driburg herum; zu seinen

Burg Dringenberg war einst der Sommersitz der Paderborner Bischöfe

Höhepunkten gehören das *Buddenberg-Arboretum* **(⇨ S.120)**, die *Marienkapelle* und viele schöne Aussichten auf die Stadt, die Wälder der Südegge und die weite Landschaft des Nethegaus. Auch der Qualitätswanderweg *Eggeweg* (X), eine Teilstrecke der *Hermannshöhen*, tangiert das Stadtgebiet im Westen. Die Wanderwege Driburgs werden durch Nordic-Walking-Strecken aller Schwierigkeitsgrade ergänzt.

Die Quelle des Flusses gab Stadt und Burg den Namen Lippspringe

An der westlichen Grenze des Naturparks, am Übergang zwischen der Senne und dem Eggegebirge, liegt ***Bad Lippspringe***. Die Stadt bekam ihren Namen von dem Fluss Lippe, der mitten im Stadtkern am *Arminius-Park* entspringt und bei Wesel in den Rhein mündet. Die Karstquelle der Lippe, im Volksmund auch »*Odinsauge*« genannt, ist eine der am stärksten schüttenden Quellen Deutschlands.

Das Gebiet von Bad Lippspringe ist ein sehr alter Siedlungsplatz; in der Umgebung der Stadt findet man zahlreiche bronzezeitliche Grabhügel. Die um 1300 erneuerte *Burg Lippspringe*, deren Ruine direkt oberhalb der Lippequelle liegt, wurde früher fälschlicherweise mit Karl dem Großen in Verbindung gebracht.

Der wirtschaftliche Aufschwung Lippspringes begann 1832 mit der Entdeckung seiner ersten Thermalquelle, der *Arminiusquelle*. Schon bald wurde aus dem bis dahin ziemlich unbedeutenden Städtchen ein begehrter Badeort; zur Arminiusquelle kamen noch die *Liboriusquelle* und die *Martinusquelle* hinzu.

Heute ist Bad Lippspringe nicht nur Kur- und Badeort bei Stoffwechsel- und Herzerkrankungen, orthopädischen Problemen und Rheuma, sondern vor allem führendes klinisch-diagnostisches Zentrum für Asthma- und Allergieerkrankungen. 1991 wurde hier das erste deutsche *Allergie-Dokumentations- und Informationszentrum (ADIZ)* eröffnet, in dem sich Betroffene über alle Aspekte der Atemwegserkrankungen informieren können.

Das sanfte, nebelarme Bad Lippspringer Schonklima ist bei Erkrankungen der Atemwege so wohltuend, dass das Bad seit 1982 auch als heilklimatischer Kurort anerkannt ist. Im Kurpark sorgt darüber hinaus eine »Benebelungsanlage« für pollenfreie Luft.

Die schönen Kuranlagen, die in den *Arminius-Park* mit der Lippequelle, den *Kaiser-Karls-Park* mit den Wasserfontänen und den *Jordan-Park* gegliedert sind, werden durch den 200 ha großen *Kurwald* mit der Friedenskapelle ergänzt, der lange Spaziergänge über die gepflegten Grünanlagen hinaus ermöglicht.

Im Arminius-Park beginnt in der Nähe des Prinzenpalais der 6 Kilometer lange *Planetenweg*. Er stellt Sonne und Planeten unseres Sonnensystems in maßstabsgerechten Entfernungen dar und vermittelt so auf anschauliche Weise kosmische Dimensionen.

Von Bad Lippspringe aus führen zahlreiche Wanderwege in den Lippspringer Stadtwald und in Richtung Teutoburger Wald, so etwa der 14 Kilometer lange Wanderweg »*Von Bad Lippspringe zum Kreuzkrug*«, der entlang der Fürstenallee bei Schlangen bis zum Kreuzkrug an der »Gauseköte«, einem der steilsten Pässe über den Teutoburger Wald, führt.

Impressionen aus den Parkanlagen Bad Lippspringes: die Arminius-Quelle, das »Odins-Auge« (Quelle der Lippe), Benebelungsanlage für pollenfreie Luft

Südwestlich von Detmold liegt die Doppelstadt ***Horn-Bad Meinberg*** am Fuße des Teutoburger Waldes. Christoph Wilhelm Hufeland, bekannter Leibarzt am preußischen Hofe und seinerzeit führender Badearzt Mitteleuropas, rühmte 1815 *»Bad Meynberg«* ausführlich in seiner *»Praktischen Übersicht der vorzüglichsten Heilquellen Europas«*. Mehrmals besuchte er den kleinen Kurort, informierte sich über die neuesten Anwendungsmethoden und lobte nicht nur das Mineralwasser, auch dem Meinberger Schwefelmoor zollte er höchstes Lob.

Zu Hufelands Zeit war Meinberg noch ein recht junges Bad. Heute werden hier neben den klassischen Moorbädern, den Trink- und den Badekuren vor allem Therapien der traditionellen chinesischen Medizin und Yoga in Europas größtem *Yogazentrum* angeboten. Zu den Meinberger Kernkompetenzen gehören neben der Behandlung von orthopädischen Erkrankungen und Rheuma vor allem die Behandlung und Erforschung von Tinnitusleiden. Inhalationen, Aquafitness und Nordic-Walking runden das Angebot im Wellnessbereich ab.

Der Meinberger *Kurpark* wurde ab 1770 angelegt und 1928 durch den *Berggarten* erweitert, in dem sich auch ein »Garten der Sinne« befindet. Der *Brunnentempel*, Wahrzeichen der Stadt Horn-Bad Meinberg und im Stadtwappen vertreten, wurde 1842 gebaut. Jüngste und größte Ergänzung des Kurparks ist der *Länderwaldpark Sylvaticum*, in dem Waldlandschaften aus aller Welt dargestellt werden. Dazu wurden 1962 bis 1965 über 30.000 Gehölze gepflanzt, die mittlerweile eindrucksvolle Bestände bilden.

Das Wahrzeichen Bad Meinbergs: der 1842 erbaute Brunnentempel

Spaziergang zu fernen Kontinenten: exotische Gehölzkulisse im Länderpark Sylvaticum

Aber Horn-Bad Meinberg hat viel mehr zu bieten als Mineralwasser und Schwefelmoor. Gut drei Kilometer südwestlich Bad Meinbergs liegt der zweite Teil der Doppelstadt, die alte *Stadt Horn* an der »Cölnischen Landstraße«, dem historischen Handelsweg von Köln nach Berlin; sie bekam ihre Stadtrechte um 1250. Die *Horner Burg*, heute ein Museum, sollte die wichtige West-Ost-Verbindung schützen. Neben der trutzigen Burg sind in Horn vor allem die vielen schön bewachsenen Mauern und die alten Bürgerhäuser sehenswert.

Zwischen Horn und Holzhausen liegt am Fuße des Teutoburger Waldes das Natur- und Kulturdenkmal *Externsteine* (⇨ **Exkurs**). Die markante Felsgruppe mit dem berühmten *Kreuzabnahmerelief* ist nicht nur die bedeutendste Sehenswürdigkeit Horn-Bad Meinbergs, sondern eines der meistbesuchten Ausflugziele der Region.

Bei Bad Meinberg-Billerbeck führt der *Niedersachsenweg* (X 6) nahe am Norderteich vorbei, einem beliebten Wanderrevier. Der *Norderteich* wurde bereits im Mittelalter aufgestaut und diente jahrhundertelang der Fischzucht. Seine naturnahen Ufer sind mit selten gewordenen Wasserpflanzen- und Teichröhrichtgesellschaften bewachsen. Wegen seiner Bedeutung als Rast- und Überwinterungsplatz für Zugvögel und wegen vieler seltener

Die Externsteine

Die – im wahrsten Sinne des Wortes – herausragende Sehenswürdigkeit des Naturparks ist das Natur- und Kulturdenkmal *Externsteine* bei Horn-Holzhausen. Die Felsen gehören zu einer Gruppe von 13 Steinen, von denen nur die ersten, die Externsteine, vollständig frei stehen; die übrigen stecken mehr oder weniger tief im Nordosthang des angrenzenden Berges *Knickenhagen*. Die Externsteine bestehen aus Osningsandstein, der in der unteren Kreidezeit entstand und vor etwa 70 Millionen Jahren steil aufgefaltet wurde. Das umgebende weichere Gestein wurde vom Wasser ausgespült; nur die harten Sandsteinfelsen blieben als eindrucksvolle Felsformation zurück.

Schon in früheren Zeiten waren die Menschen von der grandiosen Gruppe beeindruckt. In den ersten Felsen sind mehrere Räume eingemeißelt; an der Außenseite schmückt ihn ein *Kreuzabnahmerelief*, das als die bedeutendste romanische Großplastik Nordwestdeutschlands gilt. In den zweiten und höchsten Felsen (38 m) ist knapp unterhalb des Gipfels eine Kapelle eingearbeitet, zu der seit 1811 eine Brücke vom dritten Felsen hinüberführt. Auf dem vierten Felsen liegt ein legendenumwobener Wackelstein, der allerdings schon 1813 mit Eisenklammern fixiert wurde – sicher ist sicher.

Für die Anlage der Teiche, in deren Wasserfläche sich die Felsgruppe so eindrucksvoll spiegelt, wurde die *Wiembecke* aufgestaut. Das Wiembecketal mit seinen Quellen und der ehemalige Hudewald am Knickenhagen mit der Bergheide auf seinem Kamm bilden zusammen mit den Externsteinen eines der ältesten Naturschutzgebiete in Lippe.

⇨ **www.externsteine.de**

Die Externsteine – hier einmal von oben nach unten fotografiert – sind einer der stärksten Publikumsmagneten des Naturparks

Pflanzenarten wurde er bereits 1926 als Naturschutzgebiet ausgewiesen. Der *Rundwanderweg* um den Norderteich bietet besonders im Herbst gute Gelegenheiten zur Vogelbeobachtung.

Ebenfalls sehens- und erlebenswert ist das romantische *Silberbachtal* zwischen dem Ortsteil *Leopoldstal* und *Veldrom* auf der gegenüberliegenden Seite des Eggegebirges. Der *Hermannsweg* (H) führt durch das Silberbachtal hinauf zum *Velmerstot* **(⇨ Exkurs S. 70)**, dem höchsten Berg des Eggegebirges, von dessen beiden Bergkuppen man ein herrliches Panorama genießen kann.

Besonders romantisches Wanderrevier in Lippe: das Silberbachtal

Der Salzhof (oben) erinnert an die Anfänge Salzuflens; unten die Konzerthalle im Kurpark, rechts das neue Erlebnis-Gradierwerk

»*Im Anfang war das Salz*«; so beginnt eine Beschreibung von ***Bad Salzuflen***, der Stadt, die das Salz auch im Namen führt. Sie entstand am Nordwestrand des Lipper Berglands um eine bereits 1048 erwähnte Salzstelle herum, die noch heute den Namen »Salzhof« trägt und auf dem das Denkmal der Paulinenquelle steht.

Salzuflen wurde durch den Salzhandel reich und seine Bürger leisteten sich ein entsprechend prächtiges Rathaus und viele schöne Bürgerhäuser, die bis heute einen besonderen Reiz der Stadt ausmachen. Von »wilden« Badekuren in Salzuflener Sole wurde schon 1724 erstmals berichtet, zum Badeort wurde Salzuflen ab 1818. Die erste Badesaison dauerte vier Monate und 1.025 Bäder wurden unter ärztlicher Aufsicht genommen. Damals stand den Badegästen die Sole der 1802 erbohrten *Paulinenquelle* zu Verfügung.

Seither sind acht weitere Quellen erschlossen worden, die Linderung und Heilung bei Herz-, Kreislauf, Nerven- und Frauenleiden bringen. Im *Bädermuseum* der Stadt, das in einem prunkvollen Bürgerhaus der Weserrenaissance untergebracht ist, wird von der Geschichte der Stadt und ihres »weißen Goldes« erzählt.

Das erste *Gradierwerk* Bad Salzuflens wurde 1767 errichtet und diente bis 1945 der Salzgewinnung. Der Salzgehalt der durch das Dorngestrüpp hindurchgeleiteten Sole wird durch die natürliche Verdunstung des Wassers erhöht; gleichzeitig setzen sich

Verunreinigungen wie Kalk oder Gips im Reisig ab und bilden den graubraunen Dornstein. Die Sole wird auf ihrem Weg durch die Schwarzdornwände nicht nur konzentriert, ein Teil davon wird zu feinem Nebel zerstäubt. Dieser *Solenebel* stimuliert die Durchblutung der Lunge und fördert den Sauerstofftransport ins Blut; so kann man bei einem Bummel entlang der Gradierwerke das Salz atmen, fühlen und schmecken.

Täglich rieseln bis zu 600.000 Liter Sole über die Schwarzdornwände des großen *Gradierwerks am Rosengarten*, dem Wahrzeichen Bad Salzuflens. Heute wird die gradierte und gereinigte Sole nicht mehr zur Salzgewinnung verwendet, sie wird im Therapiezentrum zur Behandlung von Atemwegserkrankungen eingesetzt.

Das jüngste Teilstück des Gradierwerks am Rosengarten, das *Erlebnis-Gradierwerk*, bietet ein ganz besonderes Wellness- und Gesundheitserlebnis. Europas modernstes Gradierwerk wird nicht nur von außen, sondern auch von innen berieselt – und man kann hineingehen: Ein Gang mit kleinen Ruhe-Nischen führt in die *Sole-Nebelkammer*, in der man die salzhaltige Luft besonders tief und befreiend einatmen kann. Bei sanfter Musik, geheimnisvoller Beleuchtung und farbig wechselndem Sternenhimmel kann man hier wunderbar entspannen und die eigenartige Atmosphäre des dämmerigen, mit dichten Nebelschwaden gefüllten Raumes auf sich wirken lassen. Eine *Aussichtsplattform* auf dem Gradierwerk bietet schöne Ausblicke auf Stadt und Kurpark.

Der See im Kur- und Landschaftspark von Bad Salzuflen lädt zum Verweilen ein

Der Apothekergarten des Umweltzentrums Heerser Mühle

Gradierwerke, Barfußpfad, Hortus vitalis und der neue *barrierefreie Weg* **(⇨ S. 137)** machen den Besuch des 120 ha großen *Kur- und Landschaftsparks* zu einem Erlebnis für alle Sinne. Der *Hortus vitalis* ist ein über 5.000 Quadratmeter großer Irrgarten, dessen Wege zwischen Hecken aus 4.500 Lebensbäumen verlaufen. Im 2,3 Kilometer langen Wegesystem, dessen Ziel die Aussichtsplattform im Zentrum der Anlage ist, erwartet den Besucher die eine oder andere Überraschung.

Von Stadt und Park aus führen schöne Kurwege den Besucher hinaus in die freie Landschaft, etwa rund um den *Obernberg* im Salzuflener Stadtforst. Als Fernwanderweg beginnt der 77 Kilometer lange *Karl-Bachler-Weg* (X 4) in Bad Salzuflen und führt aus dem Naturpark hinaus nach Loccum in Niedersachsen.

Lohnend ist auch ein Besuch im *Umweltzentrum Heerser Mühle*. Auf dem 37 ha großen Gelände an der Werre wird die Natur zum Erfahrungs- und Lernraum für Kinder, Jugendliche und Erwachsene. Themengärten und Anschauungsobjekte informieren über Bauerngärten, Kopfweiden und Wiesenpflege, geben Interessierten Anregungen und Motivation. Sehenswert ist der *Apothekergarten* des Umweltzentrums, der mit seinen buchsbaumumsäumten Beeten und vielen duftenden Kräutern ein Erlebnis für alle Sinne bietet. Mehr als 70 verschiedene Heilpflanzen werden auf den nach Anwendungsgebieten bepflanzten Themenbeeten präsentiert.

Der Teutoburger Wald bildet zusammen mit dem Eggegebirge das Rückgrat des Naturparks. An seiner nordöstlichen Flanke liegt ***Bielefeld***, die größte Stadt Ostwestfalens. Wie Sporne ragen die Höhen des Teutoburger Waldes in die Stadt hinein und machen Bielefeld zu einer ausgesprochen grünen Stadt. Hier kann man von der Innenstadt durch schöne Parkanlagen zu Fuß in den Teutoburger Wald hinaufsteigen. Auf einem Sporn hoch über der Kernstadt liegt die *Sparrenburg* **(⇨ S. 128)**, beliebtestes Ausflugsziel und Wahrzeichen der Stadt.

An der Sparrenburg erreichen die *Hermannshöhen*® von Rheine über den Kamm des Teutoburger Waldes her kommend das Gebiet des Naturparks. Von hier aus verläuft der *Hermannsweg* (H) auf dem Kamm des Teutoburger Waldes weiter in Richtung Oerlinghausen. Auf dem Ebberg (309 m) führt er am *»Eisernen Anton«* vorbei, einem Aussichtsturm, von dem man Sicht auf Bielefeld-Heepen im Nordosten und Brackwede im Südwesten hat. 1895 wurde der »Eiserne Anton« errichtet; sein ausgefallener Name soll auf den Namen eines Gastwirtes in der Nähe zurückgehen. Der denkmalgeschützte Metallturm wurde vor wenigen Jahren restauriert; dabei erhielt er auch seine blaue Originalfarbe zurück.

Der Weg vom Parkplatz an der Osningstraße zum Aussichtsturm ist von alten mehrstämmigen Bäumen gesäumt, Reste eines Niederwaldes, der einst zur Brennholzgewinnung genutzt wurde. Der Teutoburger Wald zwischen Sparrenburg und Eisernem Anton ist ein beliebtes Naherholungsgebiet der Bielefelder. Von zahlreichen Parkplätzen aus bieten sich viele schöne Wandermöglichkeiten, so etwa um den Bokelberg, durch das NSG *Hellegrundsberg* oder hinüber zur lippischen Nachbargemeinde Oerlinghausen, die südöstlich von Bielefeld mitten im Teutoburger Wald liegt.

links:
Die Heideblüte in der Senne und auf den Bergheiden des Teutoburger Waldes faszinierte schon den Dichter Hermann Löns

Der »Eiserne Anton«, ein beliebtes Ausflugsziel am Hermannsweg

Blick vom Tönsberg über die Gipfel des Teutoburger Waldes: bis ins frühe Mittelalter war der Tönsberg mit Wällen und Palisaden gesichert

Im Archäologischen Freilichtmuseum Oerlinghausen wird Frühgeschichte lebendig

Oerlinghausen wurde erstmals im Jahr 1036 erwähnt; der alte Passort im Teutoburger Wald wurde 1456 zur landesherrlichen Zollstelle. 1926 bekam Oerlinghausen die Stadtrechte und ist damit die jüngste lippische Stadt. Bei einem Gang durch den Ort lohnt sich ein Blick auf die vielen schön begrünten Kalksteinmauern, die kleine Gassen und Stiegen säumen, hierzulande »Tweten« genannt.

Zu den Baudenkmälern der Stadt gehört neben der alten und ortsbildprägenden *Alexanderkirche* die 1800 erbaute und heute als Ausstellungsraum genutzte ehemalige *Synagoge* und der alte jüdische Friedhof oberhalb des Gebäudes. Bekannt ist Oerlinghausen besonders bei Segelfliegern, denn der *Segelflugplatz* in der Oerlinghauser Senne ist der größte Europas. Oberhalb der Stadt, direkt am Hermannsweg, grüßt die sogenannte *»Kumsttonne«* (Kumst = Sauerkraut), das Wahrzeichen Oerlingshausens, ein alter Windmühlenstumpf.

Etwas weiter, am Barkhauser Berg, werden im *Archäologischen Freilichtmuseum* die Lebensbedingungen zu vor- und frühgeschichtlicher Zeit erlebbar gemacht: Vom Sommerlager eiszeitlicher Rentierjäger mit begleitender Tundrenvegetation bis zur frühmittelalterlichen Hofanlage mit den dazu gehörenden Nutzpflanzen werden die Wohn- und Lebensverhältnisse der Menschen dargestellt.

Vom Freilichtmuseum führt der *Archäologische Wanderweg* zu einer der bedeutendsten frühgeschichtlichen Höhensiedlungen Norddeutschlands auf dem *Tönsberg* östlich von Oerlinghausen. Innerhalb der Wallanlagen stehen auch die Reste der mittelalterlichen *Tönskapelle*, auch *»Hünenkapelle«* genannt. Rund um den Tönsberg leitet auch der *GPS-Wanderweg Oerlinghausen*, der die Geologie des Teutoburger Waldes und die Bergbau-Geschichte der Stadt thematisiert.

Am Hermannsweg zwischen Oerlinghausen und ***Lage-Hörste*** lauern wilde Katzen dem Wanderer auf. Sie gehören zum 5 Kilometer langen *Wildkatzenpfad*, einem Kunstprojekt, das unbedingt einen Abstecher lohnt. 2008 haben bekannte Künstler der Region in 13 Stationen ihre Ideen zum Verhältnis Mensch und Natur ausgestaltet. Grundlage jedes Kunstwerks ist eine Wildkatzensilhouette aus Stahl. Der Weg beginnt im Luftkurort Hörste am Haus des Gastes und teilt sich

Die Ruine der mittelalterlichen Tönskapelle, auch »Hünenkapelle« genannt

Lebensraum bedrohter Arten: Moor am Furlbach

Wilde Katzen am Wegesrand in Hörste: »Tatort« von Marijke Smit

einige Wegstrecken mit dem 2,5 Kilometer langen *literarischen Wanderweg,* an dem 20 Stationen mit Gedichten und Gedanken zum Verweilen einladen. Wem das zu besinnlich ist, der kann sich auf Hörstes *Nordic-Walking-Strecken* Bewegung verschaffen. Lage-Hörste hat sich im Naturpark nicht nur im Bereich Natur und Kunst einen Namen gemacht; hier kann man auch Anleitung und Gleichgesinnte für ungewöhnliche Sportarten wie »Heigeln« oder »Lach-Yoga« finden.

Auf der Südseite des Teutoburger Waldes, am Rande der Senne, liegt die Gemeinde ***Augustdorf***. Der Ort wurde erst im 18. Jahrhundert im Zusammenhang mit der Urbarmachung der Senne gegründet und ist heute vor allem als Bundeswehrstandort bekannt. Weite Gebiete um Augustdorf werden als *Truppenübungsplatz* genutzt.

Im Herbstlicht schimmern die Netze der Baldachinspinnen auf den weiten Heideflächen der Senne

Südöstlich von Augustdorf lädt ganz am Rande des Naturparks eines der schönsten Naturschutzgebiete der Senne, das *Furlbachtal*, zur Wanderung ein. Das tief eingeschnittene Tal des oberen Furlbachs vermittelt einen besonders guten Eindruck von Natürlichkeit und Wildnis.

Der *GPS-Wanderweg »Augustdorfer Dünenfeld«* erschließt das gleichnamige Naturschutzgebiet am Westrand von Augustdorf im schönsten und ursprünglichsten Dünenareal der Senne mit Dünenkuppen von bis zu zwölf Metern Höhe. Am Dörenkrug im Augustdorfer Norden endet der von Warburg kommende *Diemel-Ems-Weg* (X 3) am *Lönspfad* (X 10), der von Horn-Bad Meinberg zum Archäologischen Freilichtmuseum in Oerlinghausen führt.

Nördlich von Augustdorf führt ein historisch bedeutender Pass durch ein Quertal des Teutoburger Waldes, die *Dörenschlucht*. Hier entspringt die *Rethlage*, an deren Quellen man die ältesten Siedlungsreste der Region gefunden hat: ein Sommerlager eiszeitlicher Jäger, dessen Rekonstruktion im *Archäologischen Freilichtmuseum Oerlinghausen* gezeigt wird. Die Rethlage mündet zwischen Detmold und Lage in die Werre, die neben Bega, Exter und Kalle einer der Hauptflüsse des Lipper Berglands ist.

Das fürstliche Residenzschloss in Detmold

Detmold ist die größte Stadt und der Verwaltungssitz des Kreises Lippe. Im Kreishaus an der Felix-Fechenbach-Straße ist auch die *Geschäftsstelle des Naturparks* beheimatet. Detmold war seit dem 16. Jahrhundert Residenzstadt der Lippischen Grafen. Das *Weserrenaissanceschloss* mit Wassergraben und Park, die prächtigen Bürgerhäuser der Innenstadt, das Landestheater und das Landesmuseum zeugen vom Glanz der kleinen Hauptstadt.

Das *Lippische Landesmuseum* ist in mehreren historischen Gebäuden an der Ameide, der Detmolder Flaniermeile entlang des Wassergrabens des Schlosses, untergebracht. Das 1835 als *Naturhistorische Sammlung* gegründete älteste Regionalmuseum Ostwestfalens besitzt die zweitgrößte Alt-Peru-Sammlung Deutschlands und präsentiert heute auch Sammlungen aus den Bereichen Landes- und Volkskunde, Ur- und Frühgeschichte, Kunst und Innenarchitektur.

In der Adolphstraße kuscheln sich winzige Fachwerkhäuser an die Reste der ehemaligen Stadtmauer. Die pittoreske Straße und die ebenso hübschen Gassen der Altstadt sind ein beliebtes Motiv bei Malern und Fotografen.

Neben den zahlreichen kulturellen Angeboten, die Detmold zu bieten hat, ist die Umgebung der Stadt auch ein erstklassiges Wandergebiet. Wichtigstes Ausflugsziel ist das 53 Meter hohe *Hermannsdenkmal* **(⇨ Exkurs)** auf der Grotenburg (386 m), das an die Varusschlacht vor 2.000 Jahren erinnert und das natürlich direkt am Hermannsweg liegt. Ebenfalls sehenswerte Ausflugsziele rund um Detmold sind die *Adlerwarte* in Berlebeck, die größte Greifvogelstation Norddeutschlands, und der *Vogelpark* in Heiligenkirchen.

Unweit von Adlerwarte und Vogelpark liegt – eingebettet in eine Wiesen- und Heckenlandschaft – das *Umweltzentrum Rolfscher Hof*, das ein reiches Umweltbildungsangebot bietet und auf seinem naturnahen Gelände viele Entdeckungsmöglichkeiten für Jung und Alt bereithält.

Eine besondere Attraktion Detmolds ist das *LWL-Freilichtmuseum*, eines der größten Freilichtmuseen Europas. Historische Gebäude aus allen Landschaften Westfalens sowie liebevoll gestaltete Bauerngärten in historischer Kulturlandschaft zeigen eindrucksvolle Einblicke in das Leben auf dem Lande zwischen 1800 und 1920.

Am Parkplatz des Freilichtmuseums beginnen die Detmolder *Nordic-Walking-Strecken*. Ein Spaziergang vom Parkplatz ausgehend rund um das Museumsgelände durch den Wald am Büchenberg und über den Hornoldendorfer Rücken ist ein echter Geheimtipp: Der *Hornoldendorfer Rücken* präsentiert dem Wanderer hinreißende Ausblicke auf eine überaus liebliche Kulturlandschaft.

Direkt am Hermannsweg liegen die beliebten Naherholungsgebiete *Donoper Teich*, *Krebsteich* und *Hiddeser Bent*. Um Donoper Teich und Krebsteich herum führt die neue *KlimaErlebnisRoute*, die spannende Einblicke in die Zusammenhänge zwischen Klima und Landschaft bietet.

Umweltzentrum Rolfscher Hof in Berlebeck

Die Ameide: Detmolder Flanier- und Museumsmeile am Schlossgraben

Das Hermannsdenkmal

Das Hermannsdenkmal auf dem Berg *Grotenburg* (386 m) bei Detmold-Hiddesen ist eines der bekanntesten Denkmäler Deutschlands. Es stellt den Cheruskerfürsten Arminius dar, der 9 n. Chr. in der »Schlacht am Teutoburger Wald« drei römische Legionen unter dem Feldherrn Varus geschlagen hat.

Im 19. Jahrhundert wurde Arminius, auch »Hermann der Cherusker« genannt, zur Symbolfigur des aufstrebenden deutschen Nationalismus. Das Hermannsdenkmal wurde von Ernst von Bandel entworfen und aus Spenden finanziert. Nach acht Jahren Bauzeit war der Unterbau fertig und das Geld verbraucht. Erst nach dem deutsch-französischen Krieg 1870/71 konnte weitergebaut werden. Nach 37-jähriger Bauzeit weihte Kaiser Wilhelm I. das Hermannsdenkmal am 16. August 1875 ein.

Die Steinquader des 30 m hohen Unterbaus sind aus Osningsandstein gehauen und stammen aus einem eigens dafür angelegten Steinbruch unweit des Denkmals. Von der Galerie aus kann man einen herrlichen Blick über die drei Ketten des Teutoburger Waldes und über das lippische Hügelland genießen.

Das fast 27 m hohe Standbild besteht aus Kupferplatten, die im Inneren der Figur durch ein Gerüst aus eisernen Röhren getragen werden. Rund um das Hermannsdenkmal können die Fernwanderwege Hermannsweg (H), Cheruskerweg (X 3) und Niedersachsenweg (X 6) mit örtlichen Wegen zu schönen Rundwanderungen kombiniert werden.

Öffnungszeiten

von März bis Oktober
täglich von 9:00 – 18:30 Uhr,
von November bis Februar
täglich von 9:00 – 16:00 Uhr

⇨ **www.hermannsdenkmal.de**

Das Naturschutzgebiet *Hiddeser Bent* mit seiner seltenen Moorvegetation schützt das letzte lebende Hangmoor im Teutoburger Wald. Dort führen die *Fernradwanderwege* R 1 und R 49 vorbei, die Detmold mit Augustdorf (R 1) und Bad Salzuflen (R 49) verbinden und von hier gemeinsam zu den Externsteinen führen.

Der *Residenzweg*, ein 57 Kilometer langer Ortsrundwanderweg, führt im Osten Detmolds zwischen Diestelbruch und Bad Meinberg gemeinsam mit dem Fernradwanderweg R 51 in den *Leistruper Wald* mit seinen seltenen Hülsen-Buchenwäldern (»Hülse« ist ein altes Wort für Stechpalme) und den frühgeschichtlichen Opfersteinen. Auf der anderen Seite der Stadt, im Westen Detmolds, führt der Residenzweg am *Hiddeser Bent* vorbei in Richtung Hermannsdenkmal und, zusammen mit dem Hermannsweg, weiter nach Berlebeck.

Naturschutzgebiet Hiddeser Bent: das letzte lebende Hangmoor im Teutoburger Wald

Von Berlebeck aus führt eine bedeutende Passstraße nach ***Schlangen***: die »Gauseköte«. Fürstin Pauline zur Lippe ließ diese Straße Anfang des 19. Jahrhunderts als Ersatz für die alte Poststraße anlegen – die Route über die Gauseköte ist kürzer, aber auch viel steiler. Die *Alte Poststraße* ist heute Teil des Wanderwegesystems durch den Teutoburger Wald; auf ihr kann man von Berlebeck nach Schlangen oder, dem *Lönspfad* (X 10) folgend, nach Augustdorf wandern. Am *Kreuzkrug* bei Schlangen-Oesterholz vereinen sich die Alte Poststraße und die »neue« Passstraße über die Gauseköte.

Der *Kreuzkrug*, ein historisches Gasthaus mit langer Tradition, ist ein echter Wander-Verkehrsknotenpunkt; hier treffen sich nicht nur mehrere Fernwanderwege (*Cheruskerweg* X 3, *Diemel-Lippe-Weg* X 4 und *Runenweg* X 7), er ist auch der Ausgangspunkt schöner Rundwanderwege in die Umgebung. Der *Lönspfad* (X 10) führt aus Leopoldstal kommend am Kreuzkrug vorbei nach Oerlinghausen.

Das historische Gasthaus »Kreuzkrug«: Ausgangspunkt vieler schöner Wanderwege

Zwischen dem Kreuzkrug und Schlangen liegt mit der *Fürstenallee* ein 2,5 Kilometer langer Abschnitt der historischen Straße zwischen der lippischen Residenzstadt Detmold und dem Bischofssitz Paderborn. Die als Natur- und Kulturdenkmal ausgewiesene Straße wird von einer *vierreihigen Allee* aus Eichen und Buchen gesäumt. Sie wurde Mitte des 18. Jahrhunderts angelegt und wird zurzeit abschnittweise »verjüngt«; ein erster Abschnitt am *Jagdschloss Oesterholz* ist bereits fertiggestellt. Von dem ehemals bedeutenden Barockschloss steht heute nur noch das 1597–99 gebaute »Neue Wohnhaus«, ein stattliches Fachwerkgebäude mit Krüppelwalmdach.

Hier beginnt der *GPS-Wanderweg »Schlänger Bruch«,* der Informationen zur kulturhistorisch interessanten Landschaft am Sennerand liefert. Wer

Rekonstruierter Grabhügel am Archäologischen Erlebnispfad Oesterholz

Natur- und Kulturdenkmal »Fürstenallee« bei Schlangen-Oesterholz

es lieber klassisch mag, dem sei der *Archäologische Erlebnispfad* nahe der Fürstenallee ans Herz gelegt: Der Rundweg führt über ein bronzezeitliches Hügelgräberfeld und gibt Einblicke in die Archäologie bronzezeitlicher Bestattungen.

Die Wege, die von Schlangen aus über das Lange Tal zum Bauerkamp und nach Veldrom führen, erschließen ein besonders interessantes Wandergebiet. Die schönen Kalkbuchenwälder hier sind reich an Frühblühern wie *Bärlauch* oder *Hohlem Lerchensporn*. Von Veldrom aus geht es hinauf auf den *Velmerstot* (⇨ **Exkurs**), den höchsten Gipfel des Eggegebirges.

Das klüftige Kalkgestein der bewaldeten Höhen östlich von Schlangen birgt einige der bemerkenswertesten Höhlen der Region: *Hohlsteinhöhle, Lukenloch* und *Kellerloch* sind wichtige Winterquartiere heimischer Fledermaus-Populationen.

Das Kellerloch liegt in der *Bielsteinschlucht* (Foto auf S. 6), einer rund 300 Meter langen Einsturzdoline, deren Wände aus zerklüftetem Kalkstein bis zu fünfzehn Meter hoch aufragen. In frühgeschichtlicher Zeit diente sie als Flucht- und Siedlungsstätte. Heute ist die Schlucht Bodendenkmal und Naturschutzgebiet und darf daher nicht betreten werden.

Schlangen bietet darüber hinaus eine Auswahl an *Nordic-Walking-* und *Marathonstrecken*, zu deren Routen die GPS-Daten angeboten werden.

Preußischer Velmerstot – Lippischer Velmerstot

Der Velmerstot ist der nördlichste und höchste Berg des Eggegebirges und eine der markantesten Erhebungen des Naturparks. Sein seltsamer Name setzt sich zusammen aus den Begriffen »Velmer« und »Stot«. *Velmer* ist aus dem Siedlungsnamen Veldrom / Feldrom abgeleitet und *Stot* bedeutet Steilhang – *Velmerstot* steht also für »der Veldromer Steilhang«.

Der Velmerstot hat einen Zwillingsgipfel: Die nördliche Bergkuppe, der *Lippische Velmerstot* (441 m) ist durch einen flachen Sattel von der südlichen, dem *Preußischen Velmerstot* (468 m) getrennt. Über diesen Sattel verlief einst die preußisch-lippische Grenze, die auch die Siedlung am Fuße des Berges teilte: Feldrom (mit »F«) gehörte zu Preußen, Veldrom (mit »V«) zu Lippe.

Das Umschlagfoto dieses Buches zeigt das Panorama des Lippischen Velmerstot mit seinen mächtigen Sandsteinblöcken. Von den Felsen aus kann man einen schönen Ausblick auf das Hermannsdenkmal im Nordwesten, den Köterberg im Osten und das Warburger Land im Südosten genießen. Auf dem Preußischen Velmerstot steht seit 2003 der *Eggeturm*, von dem aus man ebenfalls eine besonders schöne Sicht auf Teutoburger Wald und Senne im Nordwesten, Lipper Bergland im Nordosten und die Bördelandschaften mit dem Desenberg im Südosten hat.

Aus den Klippen am Osthang des Velmerstot, dem Silberort, wurden bis zum Zweiten Weltkrieg Sandsteinquader gebrochen, die zum Bau des Kölner Domes, des Berliner Reichstagsgebäudes und für Ausbesserungsarbeiten an der Lambertikirche in Münster verwendet wurden. Heute ist der Silberort zusammen mit der Bergheide auf dem Lippischen Velmerstot und Teilen des angrenzenden Egge-Osthangs
als Naturschutzgebiet ausgewiesen. Die naturnahen Wälder am Velmerstot sind Lebensraum vieler seltener Tierarten wie Wildkatze, Haselhuhn, Uhu, Schwarzspecht, Grauspecht und Schwarzstorch.

Der Aufstieg auf den Velmerstot lohnt nicht nur bei schönem Wanderwetter. Die Stimmung auf diesem Berg ist besonders bei Nebel oder Raureif einzigartig und gilt als echter Geheimtipp für Naturromantiker und solche, die es werden wollen.

Märchenhaft schön: die Bentorfer Mühle an der Mühlenroute im Kalletal

Das Lipper Bergland

Das Lipper Bergland nördlich des Teutoburger Waldes ist ein in sich stark gegliederter Landschaftsraum. Im Norden reicht das waldreiche Nordlippische Bergland in der ***Gemeinde Kalletal*** bis an die Weser heran. Im unmittelbaren Einflussgebiet der Weser ist die Landschaft durch periodisch überschwemmte Wiesen und kleine Auwaldreste geprägt. Die als Naturschutzgebiet ausgewiesene *Reiherkolonie* an der Weser bei Kalletal-Erder bietet nicht nur den Graureihern Brut- und Nahrungsraum, auch andere seltene Sumpf- und Wasservogelarten können hier regelmäßig beobachtet werden.

Hier in Nordlippe erreichen die Fernwanderwege *Dingelstedtpfad* (X 5), *Burgensteig* (X 2) und *Runenweg* (X 7) die Naturparkregion. Burgensteig und Runenweg führen am *Weserfreizeitzentrum* vorbei, das von Badespaß bis Wasserski viele Möglichkeiten aktiver Erholung bietet, und durchqueren die Ortschaft *Varenholz* mit seinem im 16. Jahrhundert erbauten *Weserrenaissanceschloss*. Neben diesen Fernwanderwegen bietet der rund 100 Kilometer lange Zusammenschluss von *Kalletal-* und *Extertalpfad* als »Weg der Blicke« vielfältigen Wanderspaß.

Zu den Sehenswürdigkeiten des Kalletals gehören neben den beiden

Holländerwindmühlen in Bavenhausen und Bentrup das *Wald- und Forstmuseum*, in dem die Ökologie des Waldes und die Forstgeschichte der Region dargestellt werden. Das Museum in Kalletal-Heidelbeck liegt im Tal der *Osterkalle* direkt am *Karl-Bachler-Weg* (X 4), der von Bad Salzuflen aus nach Rinteln verläuft. Auf den bewaldeten Höhen über dem Tal wachsen artenreiche Buchenwaldbestände wie der *Orchideen-Buchenwald* im Naturschutzgebiet Bärenkopf bei Tevenhausen südöstlich von Heidelbeck.

Forst- und Waldmuseum Heidelbeck

Die Exter, die der ***Gemeinde Extertal*** ihren Namen gibt, entwässert wie die Kalle in die Weser, mündet allerdings erst im Gebiet Niedersachsens. Entlang der Exter verläuft eine historische Eisenbahnstrecke, die heute nur noch von den Museumszügen des Vereins *»Lippische Landeseisenbahn«* benutzt wird. Auf der schönen Strecke von Rinteln bis Alverdissen sind auch Fahrten mit der Draisine möglich. Der Erfinder *Karl Friedrich Freiherr Drais von Sauerbronn* (1785–1851) hatte die Idee zu diesem Fortbewegungsmittel und gab ihm seinen Namen. Die *Fahrraddraisinen*, die im Extertal zum Einsatz kommen, sind Hightech-Draisinen, die speziell für diese 18 Kilometer lange Strecke entwickelt wurden.

In Bösingfeld und Laßbruch starten die *Nordic-Walking-Strecken* Extertals. Ein besonders schöner Wanderweg ist der 6 Kilometer lange *Patensteig* entlang der Exter. Hier geben Infotafeln Einblicke in Natur und Geschichte des Extertals und berichten vom frühgeschichtlichen Friedhof im Gersiek, der Wüstung Hilkersiek und dem »Nasenstein« im Rickbachtal. Zu jeder Jahreszeit sind die drei *Wasserfälle* am Rickbach Höhepunkte einer Wanderung auf dem Patensteig; die Wasserkaskaden sind ein fantastischer Anblick und ein ganz besonderes Fotomotiv.

Wasserfälle am Rickbach,
einem Nebenbach der Exter

Die mittelalterliche Burg Sternberg, einst Sitz der Grafen von Sternberg, ist heute ein kulturelles Veranstaltungszentrum mit dem Schwerpunkt Musik

Walliser Schwarzhalsziegen in Schwelentrup, dem »Dorf der Tiere«

Im Extertal erreicht der europäische *Fernwanderweg* X (E1) aus dem angrenzenden Niedersachsen kommend das Gebiet des Naturparks. Hoch über dem Tal der Exter, nahe Linderhofe an der Grenze zur Nachbargemeinde Dörentrup, erhebt sich die *Burg Sternberg*. Die im 13. Jahrhundert gegründete Burg, deren heutige Gebäude aus dem 15. und 16. Jahrhundert stammen, liegt am *Burgensteig* (X 2), der hier den europäischen *Fernwanderweg* X (E1) und den *Hansaweg* (X 9) kreuzt.

Die Burg war einst Sitz der Grafen von Sternberg, ging aber bereits im 15. Jahrhundert zunächst als Pfand in den Besitz der lippischen Herrscher über. Das Sternberger Wappen, ein achtzackiger Stern, ist nicht nur Bestandteil der Wappen der Städte Barntrup und Bad Salzuflen sowie der Gemeinde Extertal; er findet sich auch in den Wappenschildern am Detmolder Schloss wieder. Der rund 50 Meter tiefe Brunnen der Burg Sternberg mit seinem großen Schöpfrad ist ein beliebtes Besichtigungsziel. – Etwas nördlich der hochmittelalterlichen Burg lässt sich auf dem Mühlingsberg am Burgensteig die Vorgängeranlage *Alt-Sternberg* entdecken. Die gut erhaltene Wallanlage wurde im 13. Jahrhundert aufgegeben, als die neue Burg gebaut wurde.

Der Ort *Schwelentrup*, an dessen Grenze Burg Sternberg liegt, gehört zu der nordlippischen ***Gemeinde Dörentrup***. Schwelentrup versteht sich als *Dorf der Tiere*; im Verein »Tiere im Dorf« setzen sich Landwirte und Hobbyzüchter für die Erhaltung und Nutzung sel-

Die liebliche Landschaft bei Dörentrup lädt zum Wandern ein

tener und vom Aussterben bedrohter Haustierrassen ein. Zahlreiche Bauernhofpensionen bieten entspannten Urlaub auf dem Lande an und geben Kindern wie Erwachsenen die Möglichkeit, sich mit Tieren und Arbeitsmethoden traditioneller Bauernhöfe zu beschäftigen.

Ein besonderes Abenteuer ist der Besuch im *Maislabyrinth*, das jeden Sommer kleine und große Besucher begeistert. Der *Dörentrup-Rundwanderweg* und mehrere Nordic-Walking-Strecken ergänzen das Angebot für bewegungshungrige Urlauber. Empfehlenswert ist auch ein Besuch in *Dörentrup-Hillentrup*, einem preisgekrönten Dorf mit vielen alten Fachwerkhäusern und einer neugotischen Kirche aus dem Jahr 1899.

Dörentrup liegt am kleinen Fluss *Bega*, dessen Talaue von Barntrup bis Lemgo als Naturschutzgebiet ausgewiesen ist. Die Bega entspringt westlich von Barntrup und mündet bei Bad Salzuflen in die Werre. Entlang des Flusses erstreckt sich eine kleinräumig strukturierte Wiesenlandschaft, die zusammen mit dem naturnahen Flusslauf Lebensraum seltener Tier- und Pflanzenarten ist und eine wichtige Rolle in der Vernetzung der Lebensräume in dieser Region spielt.

Einige streng geschützte Teile des Begatals sind nicht zugänglich, am Oberlauf bei Barntrup gibt es jedoch viele schöne Wanderwege, die das Begatal für Erholungsuchende und Naturfreunde erschließen und in den Barntruper Stadtforst hineinführen, einem besonders schönen Wanderrevier, durch das auch der *Burgensteig* (X 2) und der *Dingelstedtpfad* (X 5) verlaufen.

Blick auf die Stadt Barntrup mit Weserrenaissanceschloss und Stadtkirche

In der ***Stadt Barntrup*** leitet ein schöner, von Blutbuchen begleiteter Weg die Bega entlang. Von dieser Allee aus führt ein von alten Obstsorten gesäumter Weg Richtung Sportplatz, vorbei an der mächtigen *Zieglereiche*, die an das schwere Leben der Wanderarbeiter erinnert.

Vom Rand des Barntruper Stadtwaldes hat man dann einen besonders schönen Blick auf das Begatal und die Stadt Barntrup mit dem *Weserrenaissance-Schloss*, dass um 1560 gebaut wurde und sich noch immer im Besitz der Erbauerfamilie befindet. Östlich des alten Ortskerns blickt man auf eine offene Acker- und Wiesenlandschaft, die sich bis zur niedersächsischen Landesgrenze östlich von Sonneborn erstreckt. Dieser Bereich ist durch Kalkgestein im Untergrund geprägt, das in den Steinbrüchen bei Sonneborn und am *Saalberg* (342 m) bei Alverdissen abgebaut wird.

Die kalkhaltigen Böden der Landschaft zwischen Alverdissen, Barntrup und Sonneborn sind besonders in warmen, sonnigen Bereichen Lebensraum seltener Pflanzengesellschaften. Im NSG *Kappberg* (285 m) nördlich von Sonneborn wachsen in einem aufgelassenen Muschelkalksteinbruch Enzian-Zwenkenrasen mit Fransen- und Deutschem Enzian, Golddistel und Frühlings-Fingerkraut. Sehenswert ist auch der *Windmühlenstumpf* westlich Sonneborn, der von Schlehen-Ligustergebüsch und einem schönen Halbtrockenrasen umgeben ist.

Ebenfalls an der Bega, rund acht Kilometer westlich von Dörentrup, liegt die alte ***Hansestadt Lemgo***. Zwischen Dörentrup und Lemgo-Brake ist die Begaaue durch Wanderwege erschlossen, die entlang alter Eisenbahntrassen durch die offene Auenlandschaft führen. Bei Bentrup mündet die aus

Detmold kommende *Passade* in die Bega; hier in Bentrup wurde 1555 die erste lippische Papiermühle errichtet.

Das *Schloss Brake* (⇨ **S. 131**), an dem die Bega vorbeifließt und für dessen Gräfte sie angezapft wird, ist eines der bedeutendsten und größten Schlösser Lippes; es beherbergt heute das *Weserrenaissance-Museum* und ist Sitz des Landesverbands Lippe. Die schön erhaltene Ölmühle am Schlossvorplatz ist heute *Mühlenmuseum* und dokumentiert die faszinierende Technik der ehemaligen Öl-, Säge- und Kornmühle sowie die Lebenswelt der hier einst ansässigen Müllerfamilie.

Vom Weserrenaissance-Museum führen Spazierwege entlang der Bega nach Lemgo. Bei Lemgo wird die Bega nochmals abgeleitet, diesmal in ein kompliziertes System von *Wassergräben*, das einst die Mauern der Stadt umgab und von dem heute einige Abschnitte restauriert sind; die Stadtmauern und -tore Lemgos sind allerdings längst nicht mehr vorhanden. Auf einem Teil der ehemaligen Befestigungsanlage, dem *Kastanienwall*, kann man vom ehemaligen Regenstor bis zur Engelbert-Kämpfer-Straße gehen und einen Abstecher zum *Abteigarten* machen.

Graf Ludwig zur Lippe ließ diese Parkanlage in der zweiten Hälfte des 18. Jahrhunderts anlegen und wurde auf seinen Wunsch auch hier begraben. Nahe seinem Gedenkstein steht ein zweiter Stein, der an den 1788 verstorbenen Kranich »*Hans der Schöne*« erinnert: Graf Ludwig hatte mit diesem einzigartigen Monument seinem geliebten Vogel ein Denkmal gesetzt.

Lemgo: Historisches Rathaus am Marktplatz

Naturnahe Begaaue

Historische Fachwerkhäuser an der Nikolaikirche

Das vor 1245 gegründete Lemgo war einst eine bedeutende *Hansestadt*; ihr Rathausplatz mit dem Weserrenaissance-Rathaus und dem Ballhaus gilt als einer der schönsten Marktplätze Nordwestdeutschlands. Die *Nikolaikirche* gleich hinter dem Rathaus ist mit ihren beiden unterschiedlichen Turmspitzen ein weithin sichtbares Wahrzeichen der Stadt. Im *Hexenbürgermeisterhaus*, einem besonders prachtvollen Bürgerhaus, ist das Museum für Stadtgeschichte untergebracht. Die Marienkirche nahe dem Hexenbürgermeisterhaus ist die Kirche der bereits im 13. Jahrhundert angelegten Lemgoer Neustadt.

Nördlich von Lemgo führt der von Dörentrup kommende *Hansaweg* (X 9) durch den Lemgoer Stadtwald über den *Windelstein* (347 m) Richtung Innenstadt. Von dort leitet er durch das Waldgebiet der *Lemgoer Mark* an Bergkirchen vorbei, das für seine schöne Fachwerkkirche bekannt ist, in Richtung Bad Salzuflen, wo er bei Hollenstein auf den *Karl-Bachler-Weg* (X 4) trifft.

Im Norden Lemgos liegt am Südhang des Spiegelberges der *Staffpark* (⇨ **S. 119**), ein moderner Landschaftspark, von dem aus man einen schönen Ausblick auf die alte Hansestadt genießen kann. *Cherusker-* (X 3) und *Runenweg* (X 7) führen von Norden kommend durch den Park Richtung Innenstadt.

Im Gegensatz zu den großen Waldgebieten im Norden Lemgos bietet der *Biesterberg* (218 m) im Süden der Stadt offene Landschaft mit herrlichen Ausblicken. Die frühere Lemgoer Hudefläche wurde bis 1993 militärisch genutzt und blieb deshalb bis heute als Offenlandschaft erhalten. In kleinen Mergelgruben und auf den ehemaligen Weide- und Ackerflächen wachsen lichtliebende Pflanzenarten wie *Tausendgüldenkraut, Flockenblume, Wegwarte* und *Wilde Möhre*. Die kleinräumig

Die ehemalige Ziegelei Beermann in Sylbach ist heute Ziegeleimuseum

Die Stadt Lage liegt inmitten des fruchtbaren Tals der Werre

strukturierte Landschaft am Biesterberg ist vor allem Lebensraum für zahlreiche Vogelarten, die hier ein reiches Nahrungsangebot finden. Von der spärlich bewachsenen Kuppe des Biesterbergs aus hat man eine ausgezeichnete Sicht auf den Teutoburger Wald im Südwesten und die Begaaue mit dem Nordlippischen Bergland im Nordosten.

Westlich von Lemgo wird die Landschaft flacher und offener. Im Bereich der ***Stadt Lage*** und der ***Gemeinde Leopoldshöhe*** reicht ein Ausläufer der »Herforder Liasmulde« in das Lipper Bergland hinein, auf deren eiszeitlichen Lössböden eine fruchtbare Ackerlandschaft entstand, in der auch die Zuckerrüben für die Zuckerfabrik in Lage angebaut werden.

Die ebene, von der Werre durchflossene Landschaft eignet sich gut für Fahrradtouren, etwa vorbei am *Gut Eckendorf*, einem bekannten Saatzuchtbetrieb, zum *Heimathof*, dem Heimatmuseum Leopoldshöhes, zur *Tanzlinde* im Bad Salzufler Ortsteil Bexten oder zum *Schloss Stietencron* in Bad Salzuflen-Schötmar mit seinem schönen Landschaftspark.

Ein sehr empfehlenswertes Ausflugsziel ist auch das *Ziegeleimuseum* in Lage-Sylbach: Auf dem weitläufigen Gelände einer historischen Ziegelei wird neben vorindustrieller und maschineller Ziegelproduktion auch die Arbeits- und Lebenswelt der lippischen Wanderziegler dargestellt.

Heimathof Leopoldshöhe

Ebenfalls durch eiszeitliche Ablagerungen geprägt ist die Landschaft des *Blomberger Beckens* westlich von Lemgo. Die ***Stadt Blomberg*** selbst liegt auf einem Bergsporn, einem Ausläufer des südostlippischen Hügellandes. Hier geht die offene Ackerlandschaft in die bewaldete Hügellandschaft des lippischen Südostens über. Die offenen Flächen auf den fruchtbaren Lösslehmböden erlauben schöne Ausblicke auf die in die Landschaft eingestreuten Dörfer, in denen reich geschmückte Fachwerkhäuser vom Wohlstand der Höfe in dieser Region künden.

Zu den sehenswerten Orten im Blomberger Becken gehört der 1194 erstmals erwähnte Ort *Reelkirchen* mit seinem schön sanierten Ortskern und seiner romanischen Kirche. Neben der Kirche steht eine knorrige *Sommerlinde*, deren Alter auf 800 Jahre geschätzt wird und die einen Stammumfang von 8,40 Meter hat. Durch das Blomberger Becken hindurch führt der *Niedersachsenweg* (X 6) mit seiner Teilstrecke zwischen Schieder und dem Norderteich bei Meinberg. Durchwandern kann man das Blomberger Becken besonders gut auf dem *Nelkenweg*, dem 42 Kilometer langen Rundwanderweg rund um die Stadt Blomberg.

Sehenswert sind auch Burg und Stadt Blomberg. *Burg Blomberg*, heute ein edles Hotel, war einst Residenz der lippischen Grafen; in der Gruft der *Klosterkirche im Seligen Winkel* wurden bis ins 18. Jahrhundert die Mitglieder der Herrscherfamilie begraben. Bei Ausgrabungen in der Klosterkirche wurde im Füllschutt ein gut erhaltenes Kinderkleid der Renaissance gefunden, das heute im Lippischen Landesmuseum ausgestellt wird.

Burg, Stadtmauer, Klosterkirche und viele schöne alte Fachwerkhäuser wie das 1587 erbaute *Rathaus* machen Blomberg zu einem lohnenden Ausflugsziel. Im »Siebenbürgen«, einer Gasse nahe der Burg, ist die *ehemalige Synagoge* der Stadt erhalten geblieben; sie beherbergt heute das Stadtarchiv. In Blomberg steht auch das einzige erhaltene mittelalterliche Stadttor Lippes, das *Niederntor*.

Auf dem *Philosphenweg* kann man von der Burg aus um die Stadt herum wandern. Unterhalb der Burg wachsen ein alter Niederwald mit Kopfhainbuchen und ein neu angelegter Weingarten. Vorbei an der *Hochzeitslinde* bei der Burg führt der Weg entlang der gut erhaltenen Stadtmauer und an einem ehemaligen Waschhaus vorbei in Richtung Freibad. Auf diesem Weg

Die romanische Kirche in Reelkirchen

links:
An der Blomberger Stadtmauer: Brautpforte und Hochzeitslinde

Burg Blomberg mit einem der reich geschnitzten Fachwerkgiebel

verlaufen auch *Dingelstedtpfad* (X 5) und *Niedersachsenweg* (X 6) um die Stadt herum. Auch der *Bunerberg* östlich der Stadt ist ein schönes Wandergebiet mit Hochwald und den Resten alter Hudeflächen mit Silikat-Halbtrockenrasen und Hudebäumen.

Durch die großen Waldgebiete zwischen Blomberg und Lügde-Hummersen führen der *Burgensteig* (X 2) (vorbei an den frühgeschichtlichen Wallburgen *Herlingsburg* und *Alt-Schieder* bis zur mittelalterlichen Burg Schwalenberg) sowie der *Dingelstedtpfad* (X 5) in Richtung Köterberg.

Unterbrochen wird der Wald durch das Tal der Emmer, die bei Schieder zum *Schiedersee* aufgestaut wurde. Er dient dem Hochwasserschutz und ist ein beliebtes Freizeitzentrum. An der Nordseite des Schiedersees verläuft der von Steinheim kommende *Emmerweg* (X 8) durch das Tal der Emmer, das in weiten Bereichen als Naturschutzgebiet ausgewiesen ist.

Lieblicher Bauerngarten an der Biologischen Station Lippe in Schieder

Der Schiedersee lädt zum Wandern und Segeln ein

Wie viele Naturschutzgebiete in Lippe wird auch das Naturschutzgebiet Emmerauen von der *Biologischen Station Lippe* betreut, die ihren Sitz in der ***Stadt Schieder-Schwalenberg*** in einem der ehemaligen Gutshofgebäude (Domäne) hat. Die Domäne gehörte zum *Schloss Schieder*, der 1703/06 erbauten Sommerresidenz der lippischen Fürsten. Das Schloss mit seinem schönen Landschaftspark ist heute *Kurgastzentrum*, die alten Nebengebäude sind Sitz der Verwaltung der Stadt Schieder-Schwalenberg.

Östlich von Schieder liegen am Rande des Schwalenberger Waldes die Wallanlagen von *Alt-Schieder*, deren ältere Teile wahrscheinlich aus sächsischer Zeit stammen. Auf dem Kahlenberg oberhalb von Alt-Schieder steht der *Kahlenturm*, der 1840/41 als Aussichtsturm gebaut wurde. Heute ist

Der von Schwarzerlen und Eschen gesäumte Flusslauf der Emmer und die angrenzenden Feuchtwiesen sind als Naturschutzgebiet ausgewiesen

Spezialisiert auf Landschaftspflege: die Skuddenherde der Biologischen Station

Der 1840/41 erbaute Kahlenturm auf dem Kahlenberg bei Schieder

Burg Schwalenberg, heute Restaurant

die Aussicht durch den Buchenwald weitgehend verstellt, die schönen Wanderwege am Kahlenturm und hinüber zum *Mörth* sind aber wegen der ausgedehnten Wälder des Schwalenberger Waldes lohnend.

Das *ehemalige Hochmoor* »Mörth«, eine Plateaufläche im Schwalenberger Wald zwischen Schieder-Schwalenberg und Lügde, war zu Beginn des 19. Jahrhunderts durch Trockenlegung und Übernutzung zur Heidefläche geworden. In der Folgezeit wurden Fichten gepflanzt, die auch heute noch große Bestände auf den Höhen des Mörth bilden. Seit einigen Jahren werden erfolgreich Wiedervernässungsmaßnahmen durchgeführt, um die verbliebenen Hochmoorreste zu revitalisieren.

Der *Schwalenberger Wald* ist durch artenreiche Waldmeister-Buchenhallenwälder bestimmt. In den schmalen Tälern der vom Mörth kommenden Bäche wachsen seltene Pflanzen wie *Hirschzunge* und *Kolbenbärlapp*. Hier konnte erfolgreich der *Uhu* wieder angesiedelt werden, der in dem großen Waldgebiet und der Kulturlandschaft der angrenzenden Bördelandschaft ein ausreichendes Nahrungsangebot findet. Auch der *Schwarzstorch*, der zu den seltensten Vogelarten Deutschlands gehört, ist hier heimisch.

Am Südwesthang des Schwalenberger Waldes liegen *Burg und Stadt Schwalenberg*. Schwalenberg wird auch als das »Rothenburg Lippes« bezeichnet, denn die kleine verwinkelte Stadt mit ihren alten, an den Burgberg geschmiegten Fachwerkhäusern wirkt sehr idyllisch. Hier existierte um 1900

Von vielen Künstlern porträtiert: das romantische Malerstädtchen Schwalenberg

eine bedeutende Künstlerkolonie, deren Tradition bis heute im *Schwalenberger Künstlerhaus* und in mehreren Galerien aufrecht erhalten wird. Im Rahmen der *Schwalenberger Sommerakademie* werden jedes Jahr Workshops von namhaften Künstlern durchgeführt. – Sehenswert ist auch das »Stadtwasser«, die mittelalterliche Trinkwasserzuleitung der Stadt.

Nördlich des Schwalenberger Waldes liegt in der Emmeraue die 1246 gegründete ***Stadt Lügde***. Die *Kilianskirche* vor der Stadt ist eine der am ursprünglichsten erhaltenen romanischen Kirchen im Naturpark; sie entstand im letzten Drittel des 12. Jahrhunderts und gehörte zu einem älteren Ort, der 784 im Zusammenhang mit einem Besuch Karls des Großen erwähnt wurde

Der Volkwin-Brunnen wird vom historischen »Stadtwasser« gespeist

Im herbstlichen Gewande: die »1000-jährige Linde« in Elbrinxen

und eine Urpfarrei der Region gewesen ist. Ein weiterer bedeutender Sakralbau ist das *Kloster* in Lügde-Falkenhagen. Es liegt am *Köterbergrundweg* (K), der durch die Orte im Lügder Südwesten und rund um den Köterberg mit dem weithin sichtbaren Fernmeldeturm führt. In Lügde-Elbrinxen lohnt ein Abstecher zur mächtigen *»1000-jährigen Linde«* vor der Kirche. Der schöne Baum hat einen Stammumfang von mehr als 12 Metern und ist rund 35 Meter hoch. Er ist eine der ältesten Linden Deutschlands.

Vom *Köterberg* (496 m) aus hat man einen fantastischen Panoramablick; er ist der höchste Berg im Naturpark Teutoburger Wald / Eggegebirge. Von der unbewaldeten Bergkuppe aus kann man bei schönem Wetter auch weit entfernte Ziele wie den Brocken im Harz, den Desenberg bei Warburg

Das 1246 von Volkwin zu Schwalenberg gestiftete Kloster Falkenhagen

Nicht nur der »Blick runter« ist schön: Köterberg mit Sendeturm

und das Herkulesdenkmal bei Kassel sehen. Auf dem Köterberg treffen sich *Dingelstedtpfad* (X 5), der *Kasseler Weg* (X 18) und der *Uslar-Weg* (X 19). Das Köterberghaus neben dem 1971 erbauten Fernmeldeturm ist das höchstgelegene Gaststättengebäude im norddeutschen Raum. Besonders an Sommerwochenenden ist der Köterberg ein beliebter Treffpunkt für Biker.

Das Köterberghaus, beliebtes Ausflugsziel auf dem höchsten Berg des Naturparks

Ganz im Norden »der Egge«, dort, wo ihr Kamm an den Teutoburger Wald heranreicht, liegt die ***Gemeinde Altenbeken***. Hier endet der aus Hattingen kommende *WestfalenWanderWeg* (XW) und beginnt der 72 Kilometer lange *Emmerweg* (X8), der die Emmer bis zu ihrer Mündung begleitet.

Unter Eisenbahnfans ist Altenbeken für seinen *Viadukt* berühmt. Im Jahr 1853 eingeweiht, ist er bis heute die größte Kalk- und Sandsteinbrücke Europas und sicherlich auch eine der schönsten: 24 schmale Bögen überspannen mit leichtem Schwung das Tal der *Beke*. Von einer Aussichtsplattform kann man auf den Viadukt und die darüber fahrenden Züge blicken.

Für Eisenbahn- und Wanderfans bietet der 13 Kilometer lange *Panoramaweg* (V 3) und der 26 Kilometer lange *Viaduktwanderweg* (V5), der zertifizierte Qualitätswanderweg Altenbekens, weitere Sehenswürdigkeiten: den riesigen Bahnhof – einer der wichtigsten Eisenbahnknotenpunkte Norddeutschlands – und eine schöne Sicht auf das Portal des 1.640 Meter langen *Rehbergtunnels*. Der 1864 in Betrieb genommene Tunnel durchquert das Eggegebirge zwischen Altenbeken und Langeland und ist ein bedeutendes technisches Kulturdenkmal.

Auch für seine zahlreichen *Quellen* ist Altenbeken bekannt. Von weit her kommen Aquarianer und Orchideenzüchter zum *Sageborn* am nordöstlichen Ortseingang, um für ihre empfindlichen Lieblinge das besonders weiche Wasser dieser Quelle zu holen. Aber auch der *Bollerborn*, die *Max- und Moritz-Quelle* im Driburger Grund und die *Sachsenquelle* im Dübelsnacken sind sehenswert und können auf einem der Rundwanderwege besucht werden. Die Wanderwege starten am *Eggemuseum*, vor dem – wen wundert's – eine Lokomotive steht, neben der die *Schmiedequelle* entspringt.

Bevor sich in Altenbeken (fast) alles um die Eisenbahn drehte, war der Ort ein wichtiges Zentrum der *Eisengewinnung* und -verarbeitung; die Altenbekener Öfen und Eisenplatten waren besonders geschätzt. Auf Wanderun-

Links: Die beeindruckende Schlucht der »Alten Eisenbahn« zwischen Lichtenau und Willebadessen

Im Tal der Beke: Pestwurzblüte am Bachufer

Elegantes Kulturdenkmal: der große Beketal-Viadukt bei Altenbeken

gen in die Umgebung trifft man noch heute auf Abraumhügel, Schachttrichter und Stollenreste der ehemaligen Schürfstellen. Die Wasserkraft der Beke wurde zum Antrieb der Hämmer und Blasebälge bei der Eisenverarbeitung genutzt. Eine Wanderung auf dem Rundweg A 3 zur Heinrich-Heine-Hütte am *Eggeweg* (X 1) führt an den Resten der ältesten freigelegten Glashütte Deutschlands vorbei; sie stammt aus der Zeit um 1150.

Entlang der Beke kann man nach Paderborn-Neuenbeken wandern und den *Pestfriedhof* im Mittelholz besuchen. Die Wanderwege bei *Hindahls Kreuz* nördlich der Beke führen an als Naturdenkmal ausgewiesenen *Dolinen* (Erdfällen) vorbei. In der größten Doline, der *Großen Brichkuhle*, wächst ein schöner Bestand der seltenen *Hirschzunge*. Dolinen, Trockentäler und sogenannte »Wasserschwinden« sind typisch für die klüftige Karstlandschaft der Paderborner Hochfläche im westlichen Vorland des Eggegebirges.

Inmitten dieser über weite Strecken offenen Karstlandschaft liegt die ***Stadt Lichtenau***. Ihre größten Sehenswürdigkeiten sind die *Stadtwüstung* und die *Bleikuhlen* von Blankenrode **(⇨ Exkurs)** sowie das *Landesmuseum für Klosterkultur* in Dalheim **(⇨ S. 126)**.

Der Ortsteil Herbram-Wald ist Ausgangspunkt des 12 Kilometer langen Lichtenauer Rundwanderweges *»Der Reichtum des Waldes«*, eine der reizvollen Wanderrouten der Stadt. Die zwischen 5 und 20 Kilometer langen Rundwanderwege widmen sich Themen aus Geschichte, Kultur und Natur der Region und führen zu den Sehenswürdigkeiten Lichtenaus.

Der 13 Kilometer lange *Wildschütz-Klostermann-Weg* startet in Lichtenau-Holtheim und ist dem »Robin Hood des Eggegebirges«, Hermann Klostermann, gewidmet. Der machte in der zweiten Hälfte des 19. Jahrhunderts die Wälder des Eggegebirges unsicher. Von der königlich-preußischen Obrigkeit wurde er als Wilddieb verfolgt, von der Bevölkerung wurde er geliebt, denn er versorgte arme Familien in der Region mit gewilderter Nahrung.

Südöstlich von Lichtenau-Atteln wurde ein *jungsteinzeitliches Steinkammergrab* wieder aufgebaut, um dessen ursprüngliche Form und Bauweise zu zeigen; der Ortsrundwanderweg A 4 führt an dem Großsteingrab im Tal der *Altenau* vorbei. Flussaufwärts, zwischen Husen und Dalheim, ist die Altenau zu einem See aufgestaut, um den ein reizvoller Wanderweg herumführt. Hier in den Wäldern am *Altenaustausee* liegt eines der seltenen Brutgebiete des Schwarzstorchs.

Lichtenau-Kleinenberg zählt zu den ältesten *Marien-Wallfahrtsorten* Westfalens. Lindenalleen säumen die Wege zur barocken Kirche, die jedes Jahr zu den Wallfahrtsfesten Ziel tausender Besucher ist. Wanderwege führen um Kleinenberg und auf den Eggekamm zur »*Alten Eisenbahn*« und zur »*Karlsschanze*«, einer der größten vorgeschichtlichen Wallburgen Westfalens.

Die *Alte Eisenbahn* ist ein außergewöhnliches Kulturdenkmal, denn die wildromantische Schlucht mit ihren schroffen Klippen ist eine verlassene Großbaustelle. Mitte des 19. Jahrhunderts bauten hier 500 Arbeiter an ei-

Neuenbeken mit der um 1200 erbauten romanischen Kirche

Die Hirschzunge, seltener Farn in den Wäldern des Naturparks

Stadtwüstung und Bleikuhlen Blankenrode

Bei Lichtenau-Blankenrode führt der Eggeweg (E1) durch die mittelalterliche **Stadtwüstung Blankenrode** hindurch, die von Geschichtswissenschaftlern als »prägnanteste Stadtwüstung Mitteleuropas« beschrieben wird. Blankenrode wurde als Grenzbefestigung des Fürstbischofs von Paderborn gegen den Grafen von Waldeck um 1250 gegründet. Die Stadt teilte sich in einen Burg- und einen Stadtbezirk, beide waren von der Stadtmauer umgeben. In langen Grenzstreitigkeiten wurden Burg und Stadt um 1390 zerstört und anschließend nicht wieder aufgebaut.

Um die Reste der einstigen Stadt führt ein Rundwanderweg herum. Er beginnt am Westtor im ehemaligen Stadtbezirk und führt vorbei an den Wallanlagen mit den Resten der Stadtmauer und dem Stadtgraben in den Burgbezirk hinein zu einer großen Rundbefestigung, dem Nordturm, ehemals Wohnturm des Burgvogts. Nahe dem Nordturm liegen der »Jungfernbrunnen« und das Fundament der Kirche. Heute wächst auf den Resten der Siedlung ein stattlicher Buchenwald.

In den **Blankenroder Bleikuhlen** wurden fast 900 Jahre lang Erze abgebaut, zunächst Bleiglanz, aus dem gleich neben den Gruben in einfachen Schmelzöfen Silber herausgeschmolzen wurde. Später wurde in den Bleikuhlen auch

Galmei, ein kohlen- und kieselsäurehaltiges Zinkerz, abgebaut. Heute erkennt man in der Landschaft die Reste dieser Eingriffe: ehemalige Tagebaukuhlen und Abraumhalden.

Das Besondere dieses auf den ersten Blick unspektakulären Geländes liegt in der Pflanzenwelt, die hier wächst. Der Boden enthält immer noch viele Schwermetalle, die für gewöhnliche Pflanzen giftig sind.

Die Pflanzen, die hier vorkommen, sind an die Schwermetalle im Boden so angepasst, dass sie nur auf diesen Böden wachsen können. Selten wie die Schwermetallböden sind deshalb auch die daran angepassten Pflanzenarten: *Galmei-Grasnelke*, *Hallersche Gänsekresse*, *Galmeitaubenkropf* und *Galmeitäschelkraut*. Weltweit einzigartig unter den Schwermetallpflanzen Blankenrodes ist jedoch das blauviolette **Westfälische Galmeiveilchen** *(Viola guestphalica)*, das nur hier an diesem einen Standort vorkommt.

Der sagenumwobene »Faule Jäger«: Blockfels auf dem Eggekamm

nem Eisenbahntunnel durch die Egge; das Projekt musste aber aus Geldmangel unvollendet eingestellt werden. Heute wirkt die Alte Eisenbahn wie eine natürliche Schlucht.

Auf dem Kamm des Eggegebirges, westlich der Alten Eisenbahn, kreuzt der *Eggeweg* die Landstraße 763, die von Kleinenberg nach Willebadessen führt. Hier liegt ein idealer Wanderparkplatz für alle, die den steilen Aufstieg zu den vielen Sehenswürdigkeiten am A 2 – *Karlsschanze, Gertrudskammer, Fauler Jäger* und *Kleiner Herrgott* – meiden möchten.

In der Nähe der Karlsschanze liegt der *Faule Jäger*, ein mächtiger Sandsteinblock von 6 Metern Höhe und einem Umfang von 24 Metern. Von hier führt ein steiler Abstieg zur *Gertrudskammer*, einer durch Auswaschungen und Verwitterungen im Osningsandstein entstandenen Höhle. Der *Kleine Herrgott* soll an eine heidnische Opferstätte erinnern, ist jedoch wahrscheinlich der Rest eines ehemaligen Denkmals, vielleicht eines Kreuzbildes. Von Willebadessen aus führt der 8 Kilometer lange Wanderweg »*Zu mystischen Stätten – Rundwanderweg in die Vergangenheit*« zur Karlsschanze, zum Kleinen Herrgott und zur Alten Eisenbahn.

Die als Luftkurort staatlich anerkannte ***Stadt Willebadessen*** liegt am Osthang der Egge im Tal der Nethe. In dem erstmals 1065 genannten Ort wurde 1149 ein Benediktinerinnenkloster gebaut. Schön sind die Gartenanlagen des alten Klosters, auch als *Skulpturenpark* bekannt: der 7 ha große Landschaftspark mit seinem alten Baumbestand und der von einer stattlichen Mauer umgebene Bereich des ehemaligen Äbtissinnengartens.

Vom Skulpturenpark führt der 12 Kilometer lange *Hitgenheierweg* (Hitgenheier = Ziegenhirte) rund um Willebadessen zur 1686 erbauten *Vituskapelle* und von dort aus durch eine Kastanienallee zu den Kalktriften nördlich der Stadt. In diesem *Naturschutzgebiet* mit seinen schönen Kalkmagerrasen wachsen seltene Pflanzenarten wie *Bienen-Ragwurz, Katzenpfötchen* und *Kreuz-Enzian.*

Im Westen führt der Hitgenheierweg am *Wildgehege* und an der *Eggequelle,* einer Mineralwasserquelle, vorbei durch die Wiesenlandschaft des Nethetals. Unweit des Wildgeheges zeigt der *Gewässerökologische Erlebnispfad* Interessantes über die Ökologie von Fließ- und Stillgewässern.

Eine Wanderung durch das Nethetal von Willebadessen bachaufwärts führt in den staatlich anerkannten Erholungsort ***Neuenheerse.*** Hier ist die Nethe zum Neuenheerser See gestaut, einem beliebten Freizeit- und Erholungszentrum. Die Nethe entspringt im Ortskern, gleich neben dem *Eggedom.* Die Kirche mit ihrem mächtigen Turm wurde 1107 als Stiftskirche für das 868 gegründete Damenstift errichtet und erhielt ihre heutige Form 1350–70. Zu ihrer kostbaren Innenausstattung gehören prunkvolle barocke Altäre und ein gotisches Kreuz aus dem Jahr 1460. Im ehemaligen Abtei-

Skulpturenpark am ehemaligen Benediktinerinnen-Kloster in Willebadessen

Die Eiche von Borlinghausen: einer der ältesten Bäume Deutschlands

Der Aussichtsturm »Bierbaums Nagel« bei Borlinghausen: von hier aus kann man bis Hessen sehen

gebäude, einem *Wasserschloss* aus dem späten 16. Jahrhundert, befindet sich heute ein kleines *Museum*. Eine Besonderheit ist der steinerne Damensattel an der Kirchhofmauer, von dem aus die Äbtissinnen die Huldigungen entgegennahmen.

Südlich von Willebadessen wächst nahe dem kleinen Ort Borlinghausen einer der eindrucksvollsten Bäume des Naturparks: Die *Rieseneiche von Borlinghausen* ist mit einem Stammumfang von 11 Metern die stärkste Eiche Westfalens und mit einem Alter von über 1000 Jahren wahrscheinlich auch die älteste. Der Sage nach soll Karl der Große sie gepflanzt haben. Der Ehrfurcht gebietende Baum ist unbedingt einen Abstecher wert und eine echte Herausforderung für Hobbyfotografen. Eine schöne Allee führt zu dem

Ende des 16. Jahrhunderts erbauten Wasserschloss.

Nordwestlich Borlinghausens hat man vom Aussichtsturm *»Bierbaums Nagel«* eine besonders schöne Sicht auf den Desenberg in der Warburger Börde, den Köterberg und den Sendemast Zierenberg im Habichtswald. In den Wäldern um Borlinghausen trifft man noch heute auf Gruben, Halden und Bingen als Zeugen des ehemals blühenden Eisengewerbes der Region. Vom 16. Jahrhundert bis 1870 wurde hier Eisenerz abgebaut.

Ganz im Süden des Naturparks, bereits im Hochsauerlandkreis gelegen, lädt in ***Marsberg-Meerhof*** ein spannender Rundweg zum *Naturerlebnis Wald* ein: Auf 22 Stationen kann der Wald vom Ameisenhaufen bis zum Zapfenstand in allen seinen Aspekten erforscht werden. Der *Skulpturenbaum* am Beginn des Pfades zeigt symbolhaft das nicht immer ungetrübte Verhältnis zwischen Mensch und Natur und bietet dabei ein ausgefallenes Fotomotiv.

links:
Luxus-Unterkunft für Wildbienen: Das »Bienenhotel« am Naturerlebnisweg in Marsberg-Meerhof

»Licht - Leben, Tag - Nacht« – der Skulpturenbaum von Johannes Hüwel am Naturerlebnispfad

Glückliches Rindvieh, saftiges Grün: idyllische Landschaft bei Sandebeck

Die Bördelandschaften zwischen Egge und Weser

Nach Osten schließen sich dem Eggegebirge die fruchtbaren Kulturlandschaften von *Steinheimer Becken* und *Warburger Börde* an. Die eiszeitlichen Lösslehme werden als Acker- und Weideland intensiv genutzt. Zwischen dem Steinheimer Becken und der Warburger Börde liegt die *Brakeler Muschelkalkschwelle*, bewaldet in den Höhenlagen und in den Tälern landwirtschaftlich genutzt.

Geprägt wird die Landschaft zwischen Steinheim, Nieheim und Marienmünster durch die *Emmer* und ihre zahlreichen Zuflüsse. Die Emmer entspringt im Eggegebirge bei Bad Driburg-Langeland und kann auf dem 72 Kilometer langen *Emmerweg* (X 8) von der Quelle bis zu ihrer Mündung in die Weser bei Emmerthal in Niedersachsen erwandert werden.

Der Weg führt an der ***Stadt Steinheim*** vorbei ins *Steinheimer Holz*, einem Naherholungsgebiet mit mehreren schönen Rundwanderwegen. Weiden- und Erlenbestände an den Ufern und Wiesen- und Weideflächen in den Fluss- und Bachauen geben dem Steinheimer Becken den Charakter einer weitläufigen, offenen Landschaft, in der Weißstörche, Schwarzstörche und Graureiher Nahrung finden. Die flache Beckenlandschaft zwischen Steinheim und Nieheim eignet sich auch hervorragend zum Radwandern.

Steinheim wurde erstmals um 970 in einer Urkunde des Klosters Corvey erwähnt, seine Stadtrechte bekam es 1275. Die *katholische Pfarrkirche* wurde in der Mitte des 12. Jahrhunderts errichtet und in mehreren Bauperioden zur Hallenkirche erweitert. Steinheim ist vor allem für seine Möbelindustrie bekannt, über deren Geschichte das *Möbelmuseum* informiert.

In Steinheim-Ottenhausen setzt sich ein ganzes Dorf für Erhalt und Pflege der dorfnahen Feuchtwiesen und eine naturnahe Pflege dörflicher Strukturen ein und wurde deshalb zum »Ökologischen Dorf der Zukunft« gekürt. Die *Ottenhausener Bauernburg* aus dem 13. Jahrhundert ist das älteste Steinwerk des Dorfes und diente einst der Dorfgemeinschaft als Schutz und Zuflucht. Heute ist das schön restaurierte Gebäude Heimatmuseum, Ausstellungsraum und Dorfcafé.

Steinheim-Vinsebeck ist für seine Mineralwasserquelle und sein *Schloss* bekannt. Von Vinsebeck aus kann man durch das Samtholz nach Sandebeck wandern und dort dem nördlichsten und wahrscheinlich auch kleinsten Vulkan Deutschlands einen Besuch abstatten: Der Basalt des *Sandebecker Vulkanembryos* wurde viele Jahre lang abgebaut und als Straßenschotter verwendet. Heute steht der ehemalige Steinbruch mit seiner 8 Meter hohen Steilwand aus Basalttuff unter Naturschutz.

Naturdenkmal Sandebecker Vulkan: nördlichster und wahrscheinlich kleinster Vulkan Deutschlands

Westlich von Steinheim liegt nahe Eversen das *Wasserschloss Thienhausen*. Innerhalb der Mauern dieses Weserrenaissanceschlosses verfasste der Dichter Friedrich Wilhelm Weber sein Hauptwerk »*Dreizehnlinden*«. Auch Annette von Droste-Hülshoff war hier häufig Gast. Für die Gräfte des Schlosses wurde der Holmbach angezapft, der etwa einen Kilometer unterhalb des Schlosses in die Emmer mündet. Der *Emmerweg* (X 8) führt hier zusammen mit den Fernradwanderwegen R 1 und R 53 nach Nieheim.

»ATTACKE« von Auke de Vries
an der Nieheimer Warte

Westfalen Culinarium auf der
Nieheimer »Museumsmeile«

Wohl um das Jahr 1243 verlieh der Paderborner Bischof als Landesherr der ***Stadt Nieheim*** die Stadtrechte. Im Schutz der Stadtmauern begann nun in kommunaler Selbstverwaltung mit Marktrecht, Münzrecht, Handels- und Gewerbefreiheit das städtische Leben zu blühen. Nieheim wurde zur regional bedeutenden Handelsstadt und Mitglied der Hanse. Dann aber wurde die Entwicklung der Stadt durch Kriege, Brände und Pestepidemien immer wieder unterbrochen, so dass sie bis zum 19. Jahrhundert nicht über die historischen Stadtgrenzen hinaus wuchs. Daher kann Nieheim heute als authentisches Beispiel für eine mittelalterliche Stadtanlage gelten.

Außergewöhnlich ist vor allem das gut erhaltene *mittelalterliche Wasserversorgungssystem*. Das Wasser des Nikolausbaches wurde in einem unterirdischen Röhrensystem zu den »Kümpen« geleitet; so nannte man die Brunnen, die einst der Wasserversorgung dienten. Unter dem Kump an der Ecke Marktstraße/Langestraße befindet sich ein ca. 25 Meter langes, begehbares mittelalterliches Gewölbe.

Von seinen Gebäuden her ist Nieheim dennoch recht jung. Mit Ausnahme der *Pfarrkirche St. Nikolaus* aus dem 13. Jahrhundert und des *Rathauses* im Stil der Weserrenaissance stammt kein Gebäude aus der Zeit vor 1700, als ein Großbrand 257 Gebäude zerstörte. Nieheim ist bekannt für den *Nieheimer Käse*, dessen Herstellung in der Schaukäserei gezeigt wird.

Im *Westfalen Culinarium*, auf der »Museumsmeile« Nieheims, erfahren die Besucher im *Brotmuseum, Schinkenmuseum, Biermuseum* und *Käsemuseum* alles über diese typisch westfälischen Grundnahrungsmittel, die man dort auch probieren und kaufen kann. Im *Sackmuseum* an Ende der Schlemmer- und Bildungstour kann man sich über Möglichkeiten zum Abtransport der Einkäufe informieren.

Seit 2003 ist Nieheim *heilklimatischer Kurort*; sein Heilklima ist besonders bei Erkrankungen des Bewegungsapparates sowie bei Herz-Kreislauf- und Magen-Darm-Erkrankungen zu empfehlen. Das Kurangebot wird durch das Mineralwasser der *Nikolausquelle* ergänzt. Im Haus des Gastes befindet sich eine öffentliche Trinkstelle, die zu den Öffnungszeiten des Tourismusbüros nutzbar ist. Am Haus des Gastes starten auch die *Heilklimawege*, die *Nordic-Walking-Strecken* und der *Naturerlebnispfad* am Holster Berg.

Auf dem Holster Berg, etwa ein Kilometer südöstlich Nieheims, liegt die *Nieheimer Warte*, ein Wach- und Beobachtungsturm aus der Gründungszeit der Stadt. Von hier aus hat man einen schönen Blick auf die Stadt und das Steinheimer Becken. Am Nieheimer Wartturm sind Speere befestigt; das Kunstwerk »Attacke« soll an die Wehrfunktion des Turms im Mittelalter erinnern. Das Werk gehört zum knapp 10 Kilometer langen *Nieheimer Kunstpfad*, der als internationales Kunstprojekt im Rahmen der EXPO 2000 angelegt wurde.

Auf den Spuren der Dichter Friedrich Wilhelm Weber und Peter Hille führt der 10 Kilometer lange *Peter-*

Eichenallee zum Schloss Gut Holzhausen

Naturerlebnispfad Nieheim: geschützter Magerrasen am Wenkenberg mit Beobachtungskanzel

Die Nieheimer Flechthecke

Die Nieheimer Flechthecke diente früher als lebender Zaun zwischen den Weideflächen in der Emmeraue. Darüber hinaus lieferte sie Brennholz, Haselnüsse und Futter für das Vieh.

Das Besondere der Nieheimer Flechthecke liegt in der Technik, mit der das Astwerk der Heckengehölze (überwiegend Haselnusssträucher) verbunden wird. Zunächst werden mindestens daumenstarke Äste mit Weidenruten an mehreren Stellen zu einem Bündel zusammengeschnürt und wiederum an Stämmen befestigt. Auf diese Weise werden drei Stockwerke geflochten, so dass ein schmales, aber dennoch dichtes Buschwerk von etwa 1,5 Metern Höhe entsteht. Neben einer jährlichen Kontrolle werden die Flechthecken alle sechs bis zehn Jahre ausgelichtet und nachgebunden. Nach zehn bis fünfzehn Jahren müssen sie neu eingebunden werden. Die in den Flechthecken stehenden Kopfweiden liefern dafür immer neues Flechtmaterial.

In den letzten fünfzig Jahren wurden die meisten Flechthecken durch Drahtzäune ersetzt, wuchsen zur Feldhecke aus oder wurden gerodet, um Platz für neue Ackerflächen zu schaffen. Die letzten verbliebenen Nieheimer Flechthecken sind heute nicht nur ein bedeutendes kulturhistorisches Relikt: Sie leisten als Nahrungs-, Brut- und Rückzugsraum seltener Vogelarten auch einen wesentlichen Beitrag zur ökologischen Stabilität der Landschaft.

Eine Nieheimer Flechthecke wird auch im *LWL-Freilichtmuseum Detmold* gezeigt; Flechttechnik und Aufbau der Hecke sind dort besonders gut zu sehen.

Die im Jahr 1128 geweihte Abteikirche von Marienmünster

Hille-Weg vom Wohnhaus Webers in Nieheim zum *Peter-Hille-Museum* in Nieheim-Erwitzen. Auf dem von Steinheim kommenden *Emmerweg* (X 8) kann man von Nieheim aus zur *Emmerquelle* und weiter bis Altenbeken wandern. Der Weg führt vorbei am *optischen Telegrafen* auf dem Bilsterberg, am *Wasserschloss Merlsheim* mit seinem bemerkenswerten Landschaftsgarten und durch den kleinen Ort Erpentrup mit einer *Schauglasbläserei*.

Eine Besonderheit der Nieheimer Landschaft sind die *Flechthecken* (⇨ **Exkurs**), Relikte der alten bäuerlichen Kulturlandschaft Ostwestfalens. Die Böden nahe der Emmer und ihren Nebenbächen konnten nicht als Ackerland genutzt werden – sie waren zu nass und wurden regelmäßig überschwemmt. Hier wurden Kühe gehalten, deren Milch als Nieheimer Käse haltbar gemacht und vermarktet wurde. Den Nieheimer Flechthecken ist ein eigener Wander- und Radweg gewidmet, der am *Nikolausdenkmal* nahe dem Haus des Gastes beginnt.

Durch die flache Bördelandschaft östlich von Nieheim führt der Radfernwanderweg R1 von Nieheim kommend nach ***Marienmünster***, der kleinsten Stadt im Kreis Höxter. Vom Schwalenberger Wald kommend führt auch der *Burgensteig* (X 2) vorbei an Steinheim-Kollerbeck und der *Oldenburg*, von der nur der Wohnturm aus dem Jahr 1373 erhalten ist, zur *Abtei Marienmünster*. Die Abtei gibt der bei der Gemeindereform 1970 gegründeten Stadt den

Turm und Ausblick vom Hungerberg: Rechts erkennt man die Abtei Marienmünster

Namen und ist ihre bedeutendste Sehenswürdigkeit. Besonders prächtig ist die Innenausstattung der 1128 geweihten *Abteikirche*, die spätgotische Pieta, die barocken Altäre und das besondere Prunkstück der Kirche: die *Orgel des Lippstädter Meisters J. P. Möller* aus dem Jahr 1738. Möller war einer der bekanntesten Orgelbauer Norddeutschlands und schuf auch die Domorgeln in Münster und Paderborn. Hier an der Abtei Marienmünster beginnt auch die *historische Orgelroute* zu den berühmten Barockorgeln in der Region.

Vom Parkplatz an der Abtei und vom Rad- und Wanderparkplatz in Vörden aus führen Wege auf den

Hungerberg (324 m), auf dem seit 2008 ein *Aussichts- und Museumsturm* steht. Von der Aussichtsplattform hat man einen schönen Blick über die Landschaft. Gleichzeitig soll der Turm die Erinnerung an die vor 1833 dort errichtete »Station Nr. 30« der *optischen Telegrafenlinie* von Berlin nach Koblenz wach halten. Der Turm steht in unmittelbarer Nähe der ehemaligen Station, die 1850 abgebrochen wurde und auf deren Fundament heute die *Hungerbergkapelle* steht. Zu einem Heiligenhäuschen auf dem Hungerberg wurde 1779 erstmals eine Prozession gehalten. Die heutige Kapelle ist ein neugotischer Ziegelbau mit barocker Innenausstattung.

Am Fuße des Hungerberges liegt *Vörden*, der Zentralort der Stadt Marienmünster und staatlich anerkannter Luftkurort. Das barocke Herrenhaus Vördens steht auf den Befestigungsanlagen einer Vorgängerburg. Die Gartenanlage stammt aus dem 19. Jahrhundert und wurde als *Landschaftspark* im Jahr 2001 restauriert.

Vörden ist auch Ausgangspunkt des drei Kilometer langen *Streuobstlehrpfades*, der in neun Stationen Wissenswertes über Obst und Obstbäume vermittelt. Die Äpfel des Lehrpfades werden vom Heimat- und Kulturverein Marienmünster als Apfelsaft oder Apfelbrand vermarktet, der in der Edelobstbrennerei im *Urdorfmuseum Bellersen* hergestellt wird.

Bellersen, ein Ortsteil der ***Stadt Brakel***, liegt nur wenige Kilometer südlich von Vörden am Rand der Brakeler Muschelkalkschwelle, welche die beiden Bördelandschaften des Steinheimer Beckens im Norden und der Warburger Börde im Süden voneinander trennt und im Osten an die Weser heranreicht. Bellersen ist als »Dorf B.« der »Judenbuche« der westfälischen Dichterin Annette von Droste-Hülshoff zu internationalem Ruhm gekommen.

Heute widmet sich Bellersen als staatlich anerkannter Erholungsort ganz dem naturnahen und sozialverträglichen Tourismus. Auf dem *»Erlebnislehrpfad zur Entfaltung der Sinne«* kann man seine Sinne schulen oder sich auf dem *»Agrarhistorischen Rundwanderweg«* über die Kulturlandschaft und

Der Märchenbrunnen auf dem Brakeler Marktplatz

Ergebnis jahrhunderterlanger Beweidung: der Hudewald in Gehrden

»Madonna im Wasser« an der B 252 bei Brakel

alte Haustierrassen informieren. Die Bellerser Weideschweine liefern übrigens jene Schinken, die im *Deutschen Schinkenmuseum* in Nieheim geräuchert und verkauft werden.

Im benachbarten »Kulturmusterdorf« Brakel-Bökendorf widmet man sich ganz der Literatur und dem Theater. Die *Freilichtbühne Bökendorf* zeigt seit über 50 Jahren Stücke für Kinder und Erwachsene. Der 1771 erbaute Bökerhof war im 19. Jahrhundert Treffpunkt des *Bökendorfer Kreises*, eines Literaturzirkels der Romantik, zu deren Mitgliedern Annette von Droste-Hülshoff, die Brüder Grimm und Clemens von Brentano gehörten. Er ist heute *Literaturmuseum* und Haus der kulturellen Begegnung, in dem Konzerte,

Lesungen, Vorträge und Seminare stattfinden. Seit einigen Jahren werden die sehenswerten *Gartenanlagen des Bökerhofes* nach historischem Vorbild restauriert und gepflegt. Der 400 Meter lange Laubengang aus Hainbuchen stammt noch aus den Zeiten Droste-Hülshoffs; er ist das herausragende gartenkünstlerische Element der Parkanlage.

Die *Stadt Brakel* liegt in einem weiten Tal am Zusammenfluss von Nethe und Brucht. Der Muschelkalk ist hier von einer fruchtbaren Lössschicht überdeckt, so dass die Böden hier ähnlich fruchtbar sind wie in den Börden. Der staatlich anerkannte Luftkurort ist eine der ältesten Städte im Kreis Höxter und gehörte im Mittelalter als *Hansestadt* zu den bedeutendsten Städten im Fürstbistum Paderborn. Im schönen historischen Stadtkern findet jedes Jahr der *Annentag* statt, die größte Innenstadtkirmes der Region.

Neben schönem Ambiente und gesunder Luft hat Brakel auch eine Heilquelle zu bieten, den *Kaiser-Brunnen*, dessen Wasser bei Harnwegserkrankungen hilfreich ist. Die staatlich anerkannte Heilquelle liegt unterhalb der Hinnenburg im Heinsiek und wird seit 1825 genutzt. Vom 5 ha großen *Kurpark* führen schöne Wege in die daran anschließenden Wälder. Auch ein Spaziergang zur *Modexer Warte* nordöstlich von Brakel lohnt sich: Von dem alten Wartturm aus hat man eine freie Rundsicht auf die weite Brakeler Feldflur und den Hinnenburger Forst mit der um 1600 errichteten *Hinnenburg* im Nordwesten.

Der alte Laubengang
im Garten des Bökerhofes

Bunte Bentheimer Ferkel in Bellersen
fressen für das Schinkenfest

Brakel liegt an dem kleinen Flüsschen Brucht, das südlich der Stadt in die Nethe mündet. Der *Radfernwanderweg* R 53 von Brakel nach Bad Pyrmont führt in nördlicher Richtung durch das Bruchttal, vorbei an den *Kalksinter-Terrassen* bei der »Madonna im Wasser«. *Kalksinter* entsteht durch Fällung von im Wasser gelösten Kalk, der dann krustenartige Überzüge an allem bildet, was vom Wasser umspült wird: Steine, Zweige und Blätter werden im Laufe der Zeit vom Kalk eingehüllt und verbacken zu bizarren Formen.

Der *Nethe-Alme-Weg* (X 2) beginnt in Brakel und führt den Wanderer bis zur *Wewelsburg* im Paderborner Land. Die unmittelbare Umgebung Brakels kann auf schönen Ortsrundwanderwegen erforscht werden, die zwischen 12 und 25 Kilometern lang sind.

Am Osthang des Eggegebirges südwestlich von Brakel liegt *Gehrden*. Das Dorfbild wird dominiert von der ehemaligen *Klosteranlage*. Die Kirche des 1142 gegründeten Benediktinerinnenklosters ist heute Pfarrkirche von Gehrden. Sie beherbergt das größte historische Glockengeläut Westfalens. Die barocke Klosteranlage wurde nach der Säkularisation zu einem *klassizistischen Schloss* umgebaut und beherbergt heute ein Bildungszentrum und ein behindertengerecht ausgestattetes Hotel. Im *Schlosspark* kann man die riesige, 400 bis 600 Jahre alte *Apostellinde* besuchen.

Die Umgebung von Gehrden ist ein besonders schönes und interessantes Wanderrevier, das auch durch eine *barrierefreie Wanderroute* **(⇨ S. 137)** erschlossen wird. Sehenswert ist der

Schloss und ehemaliges Kloster Gehrden:
heute ein behindertengerecht ausgestattetes Hotel

Borgentreich – beschauliche Kleinstadt mit Orgelmuseum im Rathaus

Hudewald mit seinen jahrhundertealten, pittoresken Baumgestalten.

Lohnend ist auch eine Wanderung auf dem Teilstück des *Nethe-Alme-Wegs* (X 2) von Gehrden entlang der Nethe zum *Schloss Rheder* und dessen *Landschaftspark* (⇨ S. 137) im englischen Stil. Die barocke Kirche in Brakel-Rheder wurde unter der Aufsicht des bedeutenden Baumeisters Johann Conrad Schlaun errichtet. Weit über die Grenzen des Naturparks hinaus bekannt ist das Bier der *Schlossbrauerei Rheder*, die 1686 gegründet wurde und noch heute in Familienbesitz ist.

Mitten in der flachen Warburger Börde liegt die ***Stadt Borgentreich***. Durch die überwiegend als Ackerland genutzten Flächen führen die Fernradwanderwege R 4 von Nijmegen (NL) nach Beverungen und R6 von Gennep (NL) nach Borgentreich-Bühne. Das fruchtbare Land mit seinen weiten Ausblicken eignet sich hervorragend für Fahrradtouren, aber auch für ausgedehnte Spaziergänge: so etwa auf dem 8 Kilometer langen Wanderweg *»Hohe Wälder – Weite Felder«* rund um Borgentreich, auch »Picknick-Route« genannt. Der *»Historische-Grenzstein-Rundwanderweg«* bei Manrode führt im Osten von Bor-

Warburg mit den stadtbildprägenden Kirchen und dem Gymnasium Marianum

gentreich bis an die Grenze zum benachbarten Bundesland Hessen heran.

Die Stadt Borgentreich wurde erstmals 1280 erwähnt. Aus dieser Zeit steht noch der *Balkenturm* als einziger erhaltener Turm der mittelalterlichen Festungsmauer; er ist nach einer Familie »von Balken« benannt. Das älteste Gebäude der Stadt, das *Steinerne Haus* aus der Zeit um 1300, ist heute Sitz der Landschaftsstation des Kreises Höxter. Vom zwölf Kilometer langen Wanderweg *»Im stillen Winkel NRWs«*, der am Friedhof startet und um Borgentreich herum führt, kann man ausgiebig den weiten Blick ins Land hinaus genießen.

Bekannt ist Borgentreich für das *Orgelmuseum* im historischen Rathaus, in dem über die aufwendige Herstellung und Pflege von Orgeln informiert wird. Das Museum ist auch Ausgangs- und Zielort der *Orgelroute*, die durch den Kreis Höxter zu den schönsten Barockorgeln Westfalens führt. Gleich um die Ecke, in der Borgentreicher *Pfarrkirche St. Johannes*, steht die größte noch erhaltene Springladenorgel der Welt, eine wunderschöne Barockorgel aus dem 17./18. Jahrhundert, die aus dem Kloster Dalheim stammt. Nach ihrer Restaurierung kann sie ab Mitte des Jahres 2010 wieder bestaunt werden. Ebenfalls sehenswert der *Barockaltar* der Kirche in Borgentreich-Natzungen nördlich von Borgentreich. Er stand ursprünglich in der Paderborner Abdinghofkirche und gehört zu den schönsten Hochaltären des Hochstifts Paderborn.

Ganz im Süden der Bördelandschaft liegt die ***Stadt Warburg***; nach ihr heißt diese Landschaft »Warburger Börde«. Das mittelalterliche Stadtbild der fast 1000-jährigen Reichs- und Hansestadt blieb nahezu unversehrt erhalten – Warburgs Südstadtansicht gehört zu den schönsten Stadtpanoramen Westfalens. Das *Stadtmuseum* im »Stern«, einem der ältesten Steinhäuser Westfalens, informiert über die Stadtgeschichte und Architektur Warburgs.

Warburg liegt im Diemeltal an der Einmündung der Twiste und auf den Höhen über dem Tal, einem besonders schönen Wandergebiet. Durchs Diemeltal führen der *Diemel-Ems-Weg* (X 3) von Warburg nach Augustdorf und der *Diemel-Lippe-Weg* (X 4) von Marsberg zum Kreuzkrug bei Schlan-

Das Gelbe Windröschen, Frühblüher an den Hängen des Diemeltals

Das ehemalige Zisterzienserkloster Hardehausen, heute Bildungsstätte des Bistums Paderborn

gen. Auch der 16 Kilometer lange *Josef-Leifeld-Weg* führt durch ein Teilstück des Diemeltals, das wegen seiner seltenen Tier- und Pflanzenarten in weiten Teilen als Naturschutzgebiet ausgewiesen ist. Besonders schön ist der Frühlingsaspekt im Diemeltal, wenn an den Hängen *Leberblümchen* und *Gelbes Windröschen* blühen.

Im Diemeltal, rund drei Kilometer von Warburg, liegt der Luftkurort *Warburg-Germete*. Bereits 1679 stellte der Abt des Klosters Hardehausen fest, dass »bei Germete ein Säuerling aus der Erde quillt, der für gar viele Leiden des Unterleibs ein vorzügliches Heilmittel sei«; aber erst rund 200 Jahre später begann man, das Mineralwasser *Germetes* zu nutzen und durch Bohrungen weitere Quellen zu erschließen. Heute liefern *Siller-*, *Antonius-* und *Franziskusquelle* heilkräftige Wasser, die bei Erkrankungen von Niere, Blase und Gallenwegen helfen können.

Mit dem Stadtbus Warburg und mit der »Wisent-Linie« (Mai bis Okt.) kann man bequem von Warburg zum *Wisentgehege Hardehausen* fahren, das westlich von Warburg am Osthang des Eggegebirges liegt und in dem seit 1958 Wisente gezüchtet werden. Das rund 170 ha große Gelände mit urwaldähnlichen Mischwäldern und Wiesen ist ein optimaler Lebensraum für die imposanten Tiere. Im benachbarten *Waldinformationszentrum Hammerhof* erhalten die Besucher vielfältige Informationen zu den Tieren des Wisentgeheges und zum Lebensraum Wald.

Das 1140 gegründete *Kloster Hardehausen* war die erste Niederlassung der Zisterzienser in Westfalen. Es wurde,

Wildtier des Jahres 2008: Wisente werden in Hardehausen seit 1958 gezüchtet

Ein Motiv fürs Kalenderblatt: der Vulkankegel des Desenbergs im Frühsommer

wie viele andere Klöster auch, im Zuge der Säkularisation aufgelöst und in eine landwirtschaftliche Domäne umgewandelt. 1927 kamen wieder Zisterziensermönche nach Hardehausen, die 1938 unter dem Druck der Nationalsozialisten nach Brasilien auswanderten. 1944 wurde das ehemalige Kloster zur Aufnahme einer Nationalsozialistischen Erziehungsanstalt beschlagnahmt. Heute ist es *Jugendhaus* mit Jugendbauernhof, Jugendbildungsstätte und Landvolkshochschule des Erzbistums Paderborn.

In Hardehausen sind nicht nur Klosteranlage und Wisentgehege lohnende Ausflugsziele, auch eine Wanderung auf dem 12 Kilometer langen Rundwanderweg (A 5) zum *Hardehausener Klippen- und Felsenmeer* ist sehr zu empfehlen. Östlich des Opfersteins am Klippen- und Felsenmeer steht an der Bundesstraße 68 ein Gedenkstein für *Felix Fechenbach*; der Detmolder Journalist und Redakteur wurde hier 1933 von SS- und SA-Leuten ermordet.

Das weithin sichtbare Wahrzeichen der Warburger Börde ist der *Desenberg* (343 m), ein Vulkankegel, der als Inselberg in der sonst ziemlich flachen Landschaft steil aufragt. Der anstrengende Aufstieg lohnt sich; von der auf ihm thronenden mittelalterlichen *Ruine Desenburg* (⇨ **S. 132**) hat man einen hinreißenden Rundumblick auf die Bördelandschaft.

Blick vom Rodeneckturm auf die alte Hansestadt Höxter am Weserbogen

Das Wesertal

Im Osten des Naturparks, direkt an der Weser, liegt die ***Stadt Höxter***; die alte Hansestadt ist Verwaltungssitz des gleichnamigen Kreises und die östlichste Stadt Nordrhein-Westfalens. Bei Höxter überquert seit vielen Jahrhunderten der *Hellweg*, eine bedeutende West-Ost-Verbindung, die Weser; schon 1150 ist hier eine Weserbrücke nachweisbar. Seine verkehrsgünstige Lage machte Höxter im Mittelalter zu einem bedeutenden Handelszentrum; die Stadt gehörte seit 1295 zur Hanse. Im benachbarten *Kloster Corvey* (⇨ S. 125), zu dessen Territorium Höxter gehörte, empfand man die aufstrebende Stadt zunehmend als Konkurrenz.

Durch den Bau einer zweiten Weserbrücke um 1250 versuchte der Abt von Corvey, den Verkehr von Höxter abzuziehen. Nach langem Hin und Her musste der Corveyer Abt 1332 in einem »Sühnebrief« Abbitte leisten und die Rechte der Stadt Höxter anerkennen.

Im Dreißigjährigen Krieg waren dann Höxter und Corvey im Unglück vereint: Beim »Blutbad von Höxter« wurden 1634 sowohl die florierende Hansestadt als auch das mächtige Kloster dem Erdboden gleichgemacht. Trotz dieses Ereignisses gibt es in Höxter viele bemerkenswerte Bauwerke der Weserrenaissance zu bewundern. Herausragende sind das 1613/14 erbaute *Rathaus*, das *Tillyhaus* und die *Dechanei*.

Höxter ist eine besonders fahrradfreundliche Stadt, in der sich heute die

Radwanderrouten treffen wie früher die Handelswege. Die Stadt ist Anfangs- bzw. Zielpunkt der *Europa-Radwanderwege* R 1 und R 2, die Höxter mit Groenlo und Winterswijk in den Niederlanden verbinden. Der *Weser-Radweg* (R 99), der an der Weser entlang von Hameln über Höxter nach Bad Karlshafen führt, wurde mehrfach zum beliebtesten Radweg Deutschlands gewählt, und die *Wellness-Radroute* verbindet Höxter mit den Bädern und Kurorten der Region.

Zu den schönsten Wanderrevieren in der Umgebung von Höxter gehören das *Naturschutzgebiet Ziegenberg* und der angrenzende Brunsberg; der von Brakel kommende *Egge-Weser-Weg* (X 16) führt am Ziegenberg vorbei nach Höxter. Vom *Rodeneckturm*, der direkt am Weg liegt, hat man einen besonders schönen Ausblick auf die Stadt und auf das Kloster Corvey jenseits der Weser.

Die *Wanderhütte am Brunsberg* ist ein beliebter Startplatz für Drachen- und Gleitschirmflieger. Der Ausblick von hier gilt als »Geheimtipp« für Aussichtshungrige und Landschaftsästheten: ein hinreißender Panoramablick über das Wesertal und die *Godelheimer Seenplatte*, durch Auskiesung entstandene Seen, von denen einige als beliebtes Wassersport- und Freizeitzentrum genutzt werden.

Schöne Ausblicke auf Höxter bieten auch der 18 Kilometer lange *Renaissance-Weg* und der Weg um den Räuschenberg mit dem *Mäuseturm*. An der Südostseite des Räuschenbergs führt er vorbei an den *Prinzessinnenklippen*, dem Naturschutzgebiet *Teufelsschlucht* und entlang des *Weinberges*, an dem – wie der Name verrät – früher Weinstöcke wuchsen; die dafür angelegten Terrassen kann man noch heute im Gelände erkennen.

Die offene Wiesenlandschaft an der Weser ist Nahrungs- und Brutraum zahlreicher Vogelarten

Blick auf Herstelle mit Kloster, Burg und Pfarrkirche St. Bartholomäus

Südöstlich der Brakeler Muschelkalkschwelle, unmittelbar an der Weser, liegt die ***Stadt Beverungen***, jahrhundertelang einzige Hafenstadt des Hochstifts Paderborn. Von hier aus traten im 19. Jahrhundert zahlreiche Auswanderer ihre lange Reise zu den Ozeandampfern in Bremen und weiter nach Amerika an. Zu den Sehenswürdigkeiten Beverungens, das erst 1417 Stadtrechte erhielt, zählen neben der barocken *katholischen Pfarrkirche* zahlreiche liebevoll restaurierte Fachwerkhäuser, das *Alte Fährhaus* sowie die um 1330 erbaute *Burg Beverungen*.

Seinen Namen verdankt die Stadt der Bever, einem Bach, der bei Dalhausen beginnt und hier in die Weser mündet. Im Bevertal verläuft auch der Radweg R4, der Radwanderer nach Dalhausen und weiter in die Warburger Börde bringt.

Dalhausen, eingeschlossen von Bergketten, durch die schluchtartige Seitentäler ins Tal führen, gilt als Korbmacherdorf. Bis in die 1960er-Jahre bildete die Korbflechterei den Haupterwerbszweig, und noch heute wird dieses kunstvolle Handwerk in drei Werkstätten hauptberuflich ausgeübt. Das *Korbmacher-Museum Dalhausen* hält die Geschichte des Korbmacherhandwerks lebendig.

Wer hingegen von Beverungen aus dem Weserradweg flussabwärts nach Norden folgt, gelangt nach *Wehrden*. Hier lohnt ein Abstecher zum *Schlosspark* und *Drosteturm*, unmittelbar an Weser und Radweg gelegen.

Wanderer kommen in und um Beverungen ebenfalls auf ihre Kosten. So lockt etwa der 6,5 Kilometer lange *Mühlenberg-Panoramaweg:* Er beginnt am Dampferanleger in Beverungen, verläuft überwiegend am Hang des Mühlenbergs und bietet immer wieder eine herrliche Aussicht auf Beverungen und das Wesertal. Auch vom *Rotsberg-Plateau* aus lässt sich ein wunderschöner Panoramablick auf das Tal der Weser bis nach Fürstenberg genießen.

Ein besonderes Glanzlicht bilden die *Hannoverschen Klippen* am Prallhang der Weser westlich von Bad Karlshafen: sieben bis zu 100 Meter hohe, schroffe Buntsandsteinklippen, die bereits zum Solling gehören. Die am weitesten aus der Landschaft herausragende Klippe besitzt eine *Aussichtskanzel*, von der man nicht nur einen weiten Blick ins Land, auf den südöstlich benachbarten Reinhardswald und auf Bad Karlshafen genießen kann, sondern auch auf den von Karl dem Großen 797 gegründeten Ort Herstelle mit seiner Burg und der barocken *Benediktinerinnenabtei vom Heiligen Kreuz*.

Blick von den Hannoverschen Klippen

Unweit der Hannoverschen Klippen liegt übrigens das *Dreiländereck* von Nordrhein-Westfalen, Niedersachsen und Hessen; der Dreiländerstein steht etwa 200 Meter oberhalb der Klippen an der Kreisstraße, die hinunter ins hessische Bad Karlshafen führt.

Die schroffen Buntsandsteinfelsen der Hannoverschen Klippen

In der Naturparkregion rund um Egge und Teutoburger Wald gibt es so viele sehenswerte Parks und Gärten, dass eine Auswahl schwer fällt: die großen *Kurparke* in den Heilbädern, die eleganten *Lustgärten* der Schlösser und Herrensitze und die Reste einst bedeutender *Klostergärten*. Das Literatur- und Musikfest »*Wege durch das Land*« bringt alljährlich ein anspruchsvolles kulturelles Programm in die Gärten und Parkanlagen und würdigt so das gartenkulturelle Erbe der Region. Auch schön gestaltete Haus- und Bauerngärten findet man in fast allen Ortschaften und Städten.

Der Lemgoer ***Staffpark*** liegt am Spiegelberg im Norden der Stadt zwischen dem Stadtrand und der Lemgoer Mark, einem ausgedehnten Waldgebiet. *Cheruskerweg* (X 3) und *Runenweg* (X 7) treffen am nördlichen Rand des Parks zusammen und führen durch ihn hindurch zur Lemgoer Innenstadt. Der 16 ha große Park wurde erst 1993 angelegt und ist eines der wichtigsten Projekte der Staff-Stiftung.

Die Besonderheit des Staffparks liegt darin, dass hier eine völlig neue Vorstellung von Landschaftspark verwirklicht wurde: ein Konzept, das die ursprüngliche Eigenart der Landschaft mit neuen Mitteln wieder herzustellen versucht und dabei eine *ökologische Gestaltung* der Landschaft verfolgt, die zugleich auch *Raum für Kunst* lässt. Geprägt ist der Park durch zwei Senken, die den ehemaligen Wohnsitz der Stifter umgeben und die mit einheimischen Gehölzen gestaltet wurden. Zudem wurden Wildblumen- und Obstwiesen sowie historische Kulturpflanzen angesiedelt und damit die früher typische Kleinteiligkeit der Landschaft nachgestellt.

Seit 1998 gehört auch das Radsiek, ein schmales, vom Radsiekbach durchflossenes Tal mit Bach-Erlen-Eschenwald und einigen Teichen zum Staffpark. Das Tal, das als Feuchtbiotop Lebensraum für seltene Tiere wie Eis-

Foto links: Farbenrausch im herbstlichen Klostergarten in Dalheim

Kunst im Staffpark: Durchblick auf ein Element der »Lemgo Vectors« von Richard Serra

Im Staffpark ist die ursprüngliche Eigenart der Landschaft ein bedeutendes Gestaltungsmerkmal

Das Buddenberg-Arboretum präsentiert heimische und exotische Baumarten

vogel und Amphibienarten bietet, ist durch Stege vorsichtig für Besucher erschlossen und über einen Fußweg durch einen Hudewald mit dem Staffpark verbunden.

Ergänzt wird die Gestaltung des Parks durch Kunstobjekte wie »*Lemgo Vectors*« von Richard Serra oder »*Das blaue Leuchten*« von Dorsten Diekmann, die die Wirkung der gestalteten Landschaft aufnehmen und mit den Mitteln der Kunst vertiefen.

Der Staffpark ist ein junger, in Konzeption und Gestaltung höchst ungewöhnlicher Park. Zu diesem neuen Ansatz der Parkgestaltung gehört auch, dass man hier nicht nur die Wiesenflächen ausdrücklich betreten und bespielen, sondern auch Blumen pflücken und Fallobst aufsammeln darf und so den Park mit allen Sinnen erleben kann. Besonders schön ist auch der Ausblick, den man vom Staffpark aus über das Begatal und die Stadt Lemgo hat. ⇨ **www.staff-stiftung.de**

Das ***Buddenberg-Arboretum*** liegt im Osten der Bad Driburger Innenstadt in der Nähe des Gräflichen Kurparks. Ab der Brunnenstraße ist der Weg zum Parkplatz am Arboretum ausgeschildert. Der exotische Baumpark liegt am mit »S« gekennzeichneten *Sachsenring* und kann auch über die Parkplätze an diesem Ortsrundwanderweg erreicht werden.

Ein *Arboretum* (vom lateinischen Wort für Baum: *arbor*) ist eine Parkanlage, in der überwiegend Bäume und Sträucher gezeigt werden. Das Buddenberg-Arboretum wurde in den Jahren

1965–66 auf Initiative des damaligen Vorsitzenden des Kur- und Verkehrsvereins Adolf Buddenberg angelegt und trägt ihm zu Ehren seinen Namen. Viele Jahre geriet die bemerkenswerte Anlage in Vergessenheit; seit einigen Jahren wird sie nun durch den Forstbetrieb der Stadt Bad Driburg in Stand gesetzt und gepflegt und ist unter den Parkanlagen der Stadt noch der Geheimtipp für Kenner.

Der kleine Park präsentiert seinen Besuchern mehr als 200 Baum- und Straucharten aus aller Welt. Von den botanischen Raritäten, die hier zu sehen sind, ist der aus China stammende Taschentuchbaum (*Davidia involucrata*) ein besonderes Highlight. Zu seiner Blütezeit Anfang Mai wirkt der Baum wie mit Tausenden weißen Taschentüchern behängt; das sind die Hochblätter, die die kugeligen, dunkelroten Blüten umgeben. Im Herbst trägt der seltene Baum Früchte, die wie winzige gelbgrüne Kürbisse an langen roten Stielen aussehen. *Japanische Flügelnuss*, viele *Ahorn*-Arten, *Federbuschstrauch* und eine umfangreiche Kollektion von *Zierapfel*-Sorten, die zu einer kleinen Obstwiese zusammengestellt sind, ergänzen die Sammlung.

Über die Wiesenflächen unter den Bäumen führen verschlungene Wege hindurch, damit man die vielen verschiedenen Blätter, Blüten und Früchte berühren und fotografieren kann. Drei Hütten bieten Schutz bei einem Regenschauer und Platz für eine Rast im Park. Eine von ihnen trägt ein interessantes, begrüntes Dach, dessen Schattenseite mit Schnittlauch bewachsen ist – eine praktische Angelegenheit beim Picknick! Von den Aussichtspunkten hat man einen wunderschönen Blick auf Bad Driburg mit der Kirche *St. Peter und Paul* im Stadtkern. Im nordöstlichen Bereich des Parks liegt ein *bronzezeitliches Gräberfeld* mit zwanzig Hügelgräbern.

Die dunkelroten Blüten des Taschentuchbaums sind von weißen Hochblättern umgeben

⇨ **www.buddenberg-arboretum.de**

Der größte und schönste Park der Stadt Detmold ist der ***Palaisgarten am Büchenberg***. Er ist der Garten des 1708–19 vom Grafen Friedrich Adolf als Witwensitz für seine Frau erbauten »*Neuen Palais*«, heute Sitz der Hochschule für Musik. Entsprechend dem Zeitgeschmack als *Barockgarten* angelegt, wurde der Palaisgarten um 1850 zum *Landschaftsgarten englischen Stils* umgestaltet: weite Rasenflächen, zahlreiche stattliche Bäume und Wasserkünste, darunter eine schön erhaltene Grotte sind die Gestaltungselemente des Landschaftsparks.

Den großen *Mammutbaum*, der vor der 1965–68 erbauten Aula der Musikhochschule wächst, soll ein lippischer Erbprinz selbst als kleine Pflanze aus Italien mitgebracht haben. Palais und Garten waren früher über den *Friedrichtaler Kanal* an die fürstlichen Anlagen am Büchenberg angeschlossen. Von den noch vorhandenen Anlagen liegen heute Teile des ehemaligen Tiergartens sowie das »Krumme Haus« auf dem Gelände des LWL-Freilichtmuseums.

Der Palaisgarten als Kulisse für sommerliche Feste – hier die Lippischen Heimattage

Schloss Rheder im malerischen Landschaftsgarten an der Nethe

Der ***Schlosspark Rheder*** liegt etwa 4 Kilometer südlich von Brakel in der Ortschaft Rheder. Das spätbarocke Schloss wurde 1750 gebaut und ist bis heute im Familienbesitz. Die mit Eckpavillons und Giebelschmuck verzierte *Vorburg* wurde 1727 unter der Bauaufsicht des aus Warburg stammenden Barockarchitekten Johann Conrad Schlaun vollendet. In ihr befindet sich die *Gräflich von Mengersen'sche Dampfbrauerei* und das *Husarenmuseum.*

Vor der Anlage des heutigen Landschafsparks wurde am Schloss ein geometrischer Barockgarten geplant und wahrscheinlich nur teilweise realisiert. Gegenwärtig zeugen von dieser Anlage noch die südliche und die nördliche Umgrenzungsmauer. Der heute 8 ha große Landschaftspark entstand in zwei Phasen zwischen dem Ende des 18. und der Mitte des 19. Jahrhunderts. In der ersten Gestaltungsphase entstand ein romantischer Garten, der in einer zweiten Bauphase 1838–43 erweitert und zu einem malerischen Landschaftsgarten nach englischem Vorbild umgestaltet wurde.

Sein Bauherr, Joseph Bruno Graf von Mengersen, der »*Dichtergraf des Nethegaus*«, war ein kenntnisreicher Gartenliebhaber, der sich bei der Gestaltung seiner Parkanlage von den 1834 von Fürst von Pückler-Muskau verfassten »Andeutungen über Landschaftsgärtnerei« inspirieren ließ. Auf Grundlage der Pückler'schen Gartentheorien wurde das Gelände umgestaltet, es wurden vorwiegend einheimische Gehölzarten gepflanzt und Sichtachsen geschaffen.

Heute ist der Schlosspark Rheder geprägt durch den Wechsel von weiten, offenen Wiesen- und Weideflächen mit Teichen und schönen alten Solitärbäumen im Tal der Nethe und einem dichten Gehölzbestand am Hang des Siesebergs, der von Wegen und Treppen erschlossen wird. Eine breite Schneise durch diesen Wald, der »Pücklerschlag«, bietet eine großartige Sicht über die Wiesen des Nethetals auf das Schloss. Wegen ihres wertvollen alten Baumbestandes sind Park und angrenzender Wald seit 1949 als Naturschutzgebiet ausgewiesen. Seit 2002 wird der Park durch die Werke der Künstler Jenny Holzer und Henri Cole bereichert, deren Botschaften auf umgestürzten Eichen- und Ulmenstämmen eingraviert sind.

Der Schlosspark Rheder gehört, wie auch die Kurparke in Bad Driburg und Bad Salzuflen, der Schlosspark Wendlinghausen, die Gartenanlagen des Klosters Dalheim und der Palaisgarten in Detmold, dem *European Garden Heritage Network* (Europäisches Gartennetzwerk, kurz EGHN) an. Aufgabe und Ziel dieser Partnerschaft unterschiedlicher Organisationen wie Verwaltungen, Kommunalverbänden, gemeinnützigen Vereinigungen und Stiftungen ist es, den Erhalt von Parks, Gärten und Grünanlagen zu fördern.

Vergängliche Botschaften von Jenny Holzer und Henri Cole im Landschaftspark Rheder

Kloster Corveys barocke Benediktinerabtei

Klöster, Burgen und Schlösser

Fast 1000 Jahre lang, von der Missionierung der Sachsen im 8. Jahrhundert bis ins frühe 19. Jahrhundert, gehörte der südliche Teil des Naturparks zu geistlichen Herrschaftsgebieten: dem Bistum und späteren Fürstbistum Paderborn und dem Territorium des Abtes von Corvey. Besonders in den ersten Jahrhunderten dieser langen Zeitspanne wurden hier viele bedeutende Klöster gegründet.

Die reiche Entwicklung des Klosterwesens nahm erst mit der Säkularisation im Jahr 1803 ein Ende, als die Klöster aufgelöst und weltlichen Nutzungen zugeführt wurden. Viele der schönen Anlagen sind bis heute erhalten geblieben und mittlerweile als Museen und Veranstaltungszentren für die Öffentlichkeit zugänglich gemacht worden.

⇨ **www.klosterregion.de**

Von Höxter aus führt die 1716 angelegte Corveyer Allee geradewegs auf ***Schloss und Abtei Corvey*** zu. Das im Jahr 822 gegründete Benediktinerkloster gehört zu den bedeutendsten frühmittelalterlichen Klostergründungen in Deutschland; es war im 9. und 10. Jahrhundert nicht nur wichtiger Stützpunkt der Sachsenmissionierung, sondern auch das geistliche und kulturelle Zentrum des sächsischen Raumes.

Im Dreißigjährigen Krieg (1618–48) wurde das Kloster fast vollständig zerstört, nur das berühmte karolingische *Westwerk* blieb erhalten. Nach dem Wiederaufbau erlebte Corvey eine neue Blüte und wurde 1794 zum Fürstbistum erhoben. Mit der Säkularisation wurde Corvey weltliches Fürstentum und kam auf einigen Umwegen zu Preußen, das Bistum wurde dem Bistum Paderborn zugeordnet.

Heute ist das *Fürstenhaus von Ratibor und Corvey* Eigentümer des imposanten Schlosses, das ab 1699 im Stil des Barock erbaut wurde. Seine der Öffentlichkeit zugänglichen Teile werden für Ausstellungen genutzt. Berühmt ist die mehr als 70.000 Bände umfassende *Bibliothek*, aus der auch jener berühmte *Tacitus*-Text stammt, der die »Schlacht am Teutoburger Wald« überliefert hat.

Die *Abteikirche* mit dem 873–885 erbauten karolingischen Westwerk gehört heute der katholischen Kirchengemeinde Corvey. Während man sich im Westwerk in die Zeit des 9. Jahrhunderts zurückversetzt fühlt, ist der Raumeindruck im 1667–1671 errichteten Saalbau der Abteikirche durch die Farbenfreudigkeit und Formenvielfalt des Barock geprägt.

Das monumentale, im Jahr 885 geweihte Corveyer Westwerk

Auf dem südlich der Kirche gelegenen Friedhof ruht der 1874 verstorbene Dichter *Heinrich Hoffmann von Fallersleben*, der Bibliothekar in Corvey war. Der Weg um das Klostergelände führt vorbei an der Weser, dem Dreizehnlindenkreuz und der sehenswerten *Klosterruine »tom Roden«*, einer im Jahr 1538 aufgegebenen Benediktinerprobstei. Einen besonders schönen Blick auf die Klosteranlage und die Weser hat man von *Rodeneckturm* auf dem Ziegenberg.

Am westlichen Rand des Eggegebirges, in einem Seitental der Altenau, liegt das ***Kloster Dalheim***. Das Augustinerinnenkloster wurde 1264 erstmals erwähnt, doch schon 1369 mussten die Nonnen das Kloster wieder aufgeben. In dem verfallenden Gemäuer siedelten sich 1429 Augustiner-Chorherren aus Böddeken an und bauten Kloster und Kirche neu auf. Diese Kirche, die heute noch steht, konnte 1470 geweiht werden, und das Kloster erlebte im 15. Jahrhundert eine erste Blütezeit.

Nachdem der Dreißigjährige Krieg auch das Kloster Dalheim schwer mitgenommen hatte, florierte es erneut in den Jahren nach dem großen Krieg. Unter dem Prior Bartholdus Schonlau wurde es zu seiner jetzigen barocken Pracht umgestaltet; er rühmte sich, in den 23 Jahren seiner Amtszeit ebenso viele Gebäude errichtet zu haben. Diese Phase, in der der repräsentative Ehrenhof, die großzügigen Wirtschaftsbauten und die umfangreichen Gartenanlagen entstanden, prägt bis heute das Erscheinungsbild Dalheims.

Ausblick vom Chorherrenweg auf das ehemalige Kloster Dalheim

1803 wurde das Kloster aufgehoben und zu einer preußischen Domäne umgestaltet. Kirche, Kreuzgang und Klostergebäude wurden nun als Viehställe und Scheunen genutzt. Bei einem Brand im Jahr 1835 wurden die barocken Klostergebäude erheblich beschädigt und anschließend nur in Teilen wieder aufgebaut.

Nach dem Kauf der Anlage durch den Landschaftsverband Westfalen-Lippe und umfangreichen Restaurierungen ist Dalheim seit 2007 *Landesmuseum für Klosterkultur*. Besonders bemerkenswert sind die floralen Deckenmalereien im Kreuzgang aus dem 13. Jahrhundert und die schön restaurierten Klostergärten mit den Heil-, Nutz- und Symbolpflanzen, die im klösterlichen Leben eine Rolle spielten.

Um Kloster Dalheim herum führt der 2 Kilometer lange *Chorherrenweg*, von dem aus man eine besonders schöne Aussicht auf die beeindruckende Anlage genießt; das Kloster ist auch Ausgangspunkt der neuen *Klima Erlebnis Route*.

Die Gärten des Museums zeigen, was an Nutz-, Heil- und Symbolpflanzen im klösterlichen Leben gebraucht wurde

Die Bielefelder Sparrenburg: mit ihrem mittelalterlichen Kern und den frühneuzeitlichen Rondellen und Bastionen die größte Befestigungsanlage Westfalens

Burgen, Schlösser und Herrenhäuser spiegeln die wechselvolle Geschichte der Region wider, durch die nicht nur wichtige Handelsrouten verliefen, sondern auch zahlreiche Grenzen, die es zu verteidigen galt: die zwischen den Franken und den Sachsen, zwischen Lippern, Ravensbergern und Paderbornern und die zwischen weltlichen und geistlichen Herrschaftsbereichen. Die großen und kleinen Herren sicherten ihre Einflussbereiche zunächst mit einer Burg oder einem festen Haus; spätere Generationen dieser Familien bauten sich prächtige Schlösser und schmucke Herrenhäuser, von denen viele heute besichtigt werden können.

Die ***Sparrenburg*** liegt auf dem Sparrenberg über der Bielefelder Kernstadt im Teutoburger Wald, direkt am *Hermannsweg*. Vom 37 Meter hohen Turm der Burg, aber auch von den vier Rondellen der Befestigungsanlage aus dem 16. Jahrhundert, hat man einen großartigen Ausblick auf Bielefeld. Vom nordöstlichen *Marienrondell* sieht man auf die darunter liegende Marienkirche, vom nordwestlichen *Kiekstadtrondell* auf die westlichen Stadtteile und den gegenüberliegenden Johannisberg, vom *Windmühlenrondell* auf den Ortsteil Gadderbaum und vom südöstlichen *Schusterrondell* auf den Stadtteil Bethel mit den *von Bodelschwinghschen Anstalten*, Europas größter diakonischer Einrichtung.

Die Verteidigungsanlagen sind nicht nur oberirdisch beeindruckend – die Mauern sind 7 Meter dick und 20 Meter hoch –, auch die *Kasematten* tief im Inneren der Festung sind eindrucksvoll: Insgesamt rund 250 Meter lange Gänge verbinden Feuerstellungen, Lagerräume und Unterkünfte. Die Kasematten der Burg können von April bis Oktober besichtigt werden.

Der nordwestliche Teil des Gangsystems ist nicht zugänglich, da es als wichtiger Lebensraum und Überwinterungsquartier mehrerer Fledermausarten (u.a. *Bechsteinfledermaus, Teichfledermaus* und *Großes Mausohr*) unter Schutz steht. Sehenswert sind auch der alte Baumbestand der Burganlage und die sehr schön ausgeprägte Mauervegetation. Wegen der besonderen Bedeutung für die Fledermauspopulation wurden die Burg und ihr Umfeld als FFH-Gebiet ausgewiesen.

Wasserfledermaus – eine der häufigeren an der Sparrenburg lebenden Arten

Publikumsmagnet Sparrenburgfest

Erbaut wurde die erstmals 1256 urkundlich erwähnte Sparrenburg durch die Grafen von Ravensberg. Sie diente der Sicherung des Bielefelder Passes über den Teutoburger Wald, als Herrschersitz und dem Schutz der wohl um 1200 gegründeten Stadt Bielefeld. Ab der Mitte des 15. Jahrhunderts wurde die Burg zur Festung ausgebaut; als der Umbau 1578 abgeschlossen war, galt die Sparrenburg als größte Festung Westfalens. Ab Mitte des 18. Jahrhunderts als Stadtgefängnis genutzt und dem Verfall preisgegeben, wurde die Anlage im Zuge der Burgenbegeisterung des 19. Jahrhunderts zum Teil restauriert – dieser Epoche entstammt auch der heutige Aussichtsturm.

Im Zweiten Weltkrieg wurde die Sparrenburg zum Teil zerstört; Restaurierungsarbeiten begleiten die Anlage seit 1948 bis in die Gegenwart. Heute ist sie ein beliebtes Ausflugsziel und das Wahrzeichen der Stadt Bielefeld. Eine Attraktion ist das jährlich am letzten Juli-Wochenende stattfindende *Sparrenburgfest*, bei dem Schausteller und Händler das Leben im Mittelalter nachstellen.

Panorama der Iburg mit dem mittelalterlichen Wehrturm

Die ***Ruine Iburg*** auf einem Vorsprung des Eggegebirges westlich von Bad Driburg ist eine der großen alten sächsischen Volksburgen der Region. Die ursprüngliche Burg war von Stein- und Erdwällen mit Holzpalisaden umgeben; eine auf die Wälle aufgesetzte Mauer und die Toranlage sind wahrscheinlich in karolingischer Zeit entstanden. Der innere Wall umschließt ein Rechteck von 180 x 50 Meter; innerhalb dieser Zone finden sich Bebauungsreste verschiedener Jahrhunderte wie Wohnbauten, ein Wehrturm und die Ruinen einer *Peterskirche* genannten romanischen Kapelle.

Die Burg, die wahrscheinlich bereits in den Sachsenkriegen Karls des Großen eine Rolle gespielt hatte, wurde im 12. Jahrhundert vom Paderborner Bischof Bernhard I. zur Sicherung seines Territoriums ausgebaut. Bevor das benachbarte Dringenberg Sommerresidenz der Paderborner Bischöfe wurde, hielten sie sich oft auf der Iburg auf. Die Obhut der Peterskirche auf der Burg war nach Gründung des Stiftes Heerse im 10. Jahrhundert den Heerser Kanonissinnen übertragen worden.

Im 15. Jahrhundert verlor die Burg zunehmend an Bedeutung; sie wurde 1444 während der Soester Fehde zerstört und nicht wieder aufgebaut. Zuvor hatte einer der letzten Burgherren den Burgberg und die zugehörigen Waldungen der Stadt Driburg vermacht. Der *Kaiser-Karls-Turm*, welcher heute das Umfeld der Iburg prägt, wurde erst 1904 errichtet, die Gastwirtschaft »*Sachsenklause*« neben der Burg im Jahr 1925. Bei ihrem Bau wurde in diesem Bereich der ehemalige Friedhof der Iburg entdeckt.

Das Waldgebiet rund um die Iburg wird durch mehrere Rundwanderwege erschlossen, und der *Eggeweg* (X) führt nur wenige Hundert Meter am Burgbezirk vorbei, so dass sich ein Abstecher lohnt. Von der Sachsenklause am Rand der Iburg hat man einen schönen Ausblick auf Bad Driburg und das östliche Eggevorland.

Südwestlich der Kernstadt von Lemgo liegt ***Schloss Brake*** in der Bega-Aue. Es wurde 1584–92 als Residenz für den lippischen Grafen Simon VI. vom Baumeister Hermann Wulff als Vierflügelanlage im Stil der Weserrenaissance errichtet. Von einem Wassergraben umgeben, steht es auf den Grundmauern einer der größten mittelalterlichen Burgen Norddeutschlands. Der markante Turm macht es zu einem weithin sichtbaren Wahrzeichen der alten Hansestadt Lemgo.

Die große Anlage mit ihren zahlreichen Nebengebäuden und den Gartenanlagen ist im Laufe der Jahrhunderte mehrfach umgestaltet worden. Auf dem Gelände des ehemaligen Lustgartens wurde 1811 eine Heil- und Pflegeanstalt für psychisch Kranke, das *Lindenhaus*, gegründet. Im 19. Jahrhundert war im Ostflügel des Schlosses eine Brauerei untergebracht und Teile des Gebäudes wurden als Lagerräume für die zum Schloss gehörende Domäne genutzt.

Heute dient Schloss Brake als *Weserrenaissance-Museum*, in dem dieser regionaltypische Baustil erforscht und den Besuchern zugänglich gemacht wird. Die Sammlung des Museums, die einen Überblick über die Kulturgeschichte des 16. und frühen 17. Jahrhunderts gibt, wird ergänzt durch Inszenierungen aus der Frühzeit der Naturwissenschaften (etwa ein *alchemistisches Laboratorium* oder eine *Kunst- und Wunderkammer*).

Die Gebäude im näheren Umfeld des Schlosses vermitteln bis heute ein eindrucksvolles Bild einer frühneuzeitlichen Residenz, zu dem Domänengebäude, Mühlen und ein Waschhaus gehörten. Ein Teil der alten Nebengebäude wird vom Weserrenaissance-Museum für Sonderausstellungen und als Werkstätten genutzt. Vor dem Ausstellungsgebäude ist ein kleiner, aber sehenswerter *Apothekergarten* angelegt. Gegenüber dem Apothekergarten liegt von einer Mauer umgeben der *Neue Garten* des Schlosses, ein kleiner Landschaftsgarten.

Schloss Brake, heute Weserrenaissance-Museum

Die malerisch-romantische Ruine der Desenburg thront auf dem Vulkankegel

Nordöstlich von Warburg ragt der Desenberg (343 m) als Inselberg aus der Warburger Bördelandschaft. Der Vulkankegel, dessen Basaltschlot im unteren Teil ein Mantel aus Keupergestein umhüllt, ist von der malerischen Ruine der ***Desenburg*** gekrönt.

Die Burg wird erstmals 1070 als Besitztum des Grafen Otto von Northeim genannt. Heinrich der Löwe erbte die Burg und gab sie den Grafen von Schwalenberg als Lehen. Als er sie 1168 zurückhaben wollte, konnte er sie dem widerspenstigen Schwalenberger Grafen Widukind II. erst nach langwieriger Belagerung wieder abnehmen. Dieser Sieg hatte eine besondere Bewandtnis, denn der steile Vulkankegel trotzte jeder Belagerungskunst. Es heißt, Heinrich der Löwe habe Bergleute aus Goslar kommen lassen; die trieben Stollen in den Fuß des Berges, bis sie auf die Quelle des Burgbrunnens stießen und den Belagerten im wahrsten Sinne des Wortes das Wasser abgruben.

Seit dem 13. Jahrhundert ist die *Familie von Spiegel* im Besitz der Burg, die dann um 1600 aufgegeben und als Steinbruch für die Dörfer in der Umgebung genutzt wurde. Von der Ruine stehen daher heute nur noch der restaurierte Bergfried und einige Mauerreste aus dem 12. bis 14. Jahrhundert. Die tiefer gelegene Vorburg wurde im 13. Jahrhundert ausgebaut und diente als Vorwerk und als Wirtschaftshof. Durch ein Tor gelangte man an einem Zwinger vorbei zu der von einer Ringmauer umgebenen Hauptburg mit dem Bergfried auf der Bergkuppe.

Seit dem frühen 19. Jahrhundert ist die pittoreske Burgruine ein beliebtes Ausflugsziel, von der aus man eine *komplette Rundumsicht* auf Warburger Börde und Brakeler Bergland im Norden, Solling im Nordosten, Hessisches Bergland im Süden und Eggegebirge im Westen hat. Der Desenberg mit seinen Silikatmagerrasen und Schlehengebüschen ist als Naturschutzgebiet ausgewiesen.

Aktiv und gesund im Naturpark

Es gibt fast keine Sportart oder Freizeitaktivität, die im Naturpark Teutoburger Wald / Eggegebirge nicht angeboten wird. Deshalb stellen wir hier nur eine kleine Auswahl aus den Bereichen *Wandern, Wellness* und *Gesundheit* vor. Natürlich kann man darüber hinaus von Angeln bis Yoga noch viele andere Angebote wahrnehmen: Die Tourismusinformationen der Region informieren in ihren Broschüren und auf ihren Internetseiten stets aktuell über diese Angebote.

Die bedeutendsten Wanderstrecken im Naturpark sind die ***Hermannshöhen***®. Sie umfassen den Hermannsweg und den Eggeweg auf den Kämmen von Teutoburger Wald und Eggegebirge. Als Mitglied der *Top Trails of Germany* zählen die Hermannshöhen® zu den zehn attraktivsten Fernwanderwegen Deutschlands. Der mit »H« gekennzeichnete *Hermannsweg* erreicht bei der Bielefelder Sparrenburg das Gebiet des Naturparks und geht auf dem Plateau des Lippischen Velmerstot in den *Eggeweg* über. Seit über 100 Jahren ist er einer der beliebtesten Kammwanderwege Deutschlands; er wurde 2008 vom Deutschen Wanderverband als »*Qualitätsweg Wanderbares Deutschland*« ausgezeichnet.

Auch der mit einem »X« gekennzeichnete *Eggeweg* überzeugte die Jury: Er war der erste in Deutschland mit dem Gütesiegel »*Qualitätswanderweg*« zertifizierte Wanderweg. Seine Naturnähe und die schönen Blicke ins weite Land machen die Route zu einem großartigen Wandervergnügen.

Die *Hermannshöhen*® bieten auf ihrer 125 Kilometer langen Strecke von der Sparrenburg bis Marsberg Entspannung in wunderbarer Landschaft, geprägt von urigen Wäldern, romantischen Bachläufen und artenreichen Wiesen. Sie eignen sich gleichermaßen zum Wandern, Walken, Joggen oder gemütlichem Spazieren und lassen sich mit vielen anderen Wanderstrecken zu immer neuen Erlebnisrouten kombinieren. Zahlreiche gastliche Häuser sowie ausgezeichnete Quartiere entlang der Strecke runden das Wandererlebnis ab.

⇨ **www.hermannshoehen.de**

Die ***GPS-Erlebnispfade*** im Naturpark Teutoburger Wald / Eggegebirge sind eine innovative Art, Natur und Landschaft mit Hilfe multimedialer Technik neu zu entdecken. Die Sache ist ganz einfach: Im Internet kann man den Routenverlauf und die Informationen zu den Erlebniswegen downloaden und im Gelände bei der Wanderung in Bild, Ton und Text auf einem Taschencomputer oder Mobiltelefon abrufen. Verlaufen kann man sich nicht; die Orientierung und Lenkung auf dem Weg erfolgt durch ein satellitengestütztes Orientierungssystem (GPS).

Der *GPS-Erlebnispfad Oerlinghausen* zeigt die geologischen Besonderheiten des Teutoburger Waldes, seine Entstehungsgeschichte im Verlauf der Erdzeitalter und die Nutzung der hier vorkommenden Mineralien und Bodenschätze. Der rund 9,5 Kilometer lange »Geologische Rundweg« führt rund um den Tönsberg, Ausgangspunkt der Wanderung ist die Bergstadt Oerlinghausen.

Mit GPS immer gut informiert auf dem richtigen Weg

Der *GPS-Erlebnispfad »Schlänger Bruch«* durch das Naturschutzgebiet »Oesterholzer Bruch mit Schwedenschanze« südlich von Schlangen-Oesterholz führt zu feuchten Senken mit sumpfigen Erlenbruchwäldern und trockenen Sanddünen wie der »*Schwedenschanze*«. Die Entdeckungsreise zur Natur- und Kulturlandschaft im Übergangsbereich zwischen Teutoburger Wald und Senne umfasst 22 Stationen auf einem 4,5 Kilometer langen Wanderweg.

Auf dem *GPS-Erlebnispfad »Karst auf der Paderborner Hochfläche«* kann man die Übergangsregion zwischen Westfälischer Bucht und Paderborner Hochfläche erwandern. Auswaschung der Kalkgesteine ist die Grundlage der Karsterscheinungen, die auf der Paderborner Hochfläche in großer Zahl anzutreffen sind. Der GPS-Erlebnispfad erschließt diese Karstformen in 18 Erlebnispfadstationen, die sich auf der Hochfläche zwischen der Paderborner Universität, Paderborn-Dahl und Altenbeken-Schwaney befinden. Weitere 8 Stationen gibt es im Bereich der Paderquellen in der Paderborner Innenstadt. Der 53 Kilometer lange Erlebnispfad kann in Tages- oder Halbtageswanderungen aufgeteilt werden und eignet sich sowohl für Wanderer als auch für Radfahrer.

Der *GPS-Erlebnispfad »Augustdorfer Dünenfeld«* führt in das Naturschutzgebiet Augustdorfer Dünenfeld am Westrand der Gemeinde Augustdorf. Trockene und nährstoffarme Sennesande, die hier zu bis zwölf Meter hohen Dünen aufgeweht wurden, prägen dieses Naturschutzgebiet mit seinen Kiefernwäldern, Heideflächen und Sandmagerrasen. Der Erlebnispfad ist sechs Kilometer lang und informiert auf 22 Stationen über eines der schönsten und ursprünglichsten Binnendünenareale der Region.

Die »*GPS-Erlebnisregion im Teutoburger Wald*« ist ein besonders erfolgreiches Gemeinschaftsprojekt des Naturparks Teutoburger Wald / Eggegebirge und der World Habitat Society. Im August 2008 wurden die Erlebnispfade von der UNESCO als »*Offizielles Projekt der Dekade für nachhaltige Bildung (2005–2014)*« ausgezeichnet. Ausführliche Informationen, auch zum Verleih geeigneter Geräte, kostenlose Software sowie Informationen rund um die Erlebnispfade erhalten Sie im Internet.

⇨ **www.interaktive-erlebnispfade.de**

In fast allen Städten und Gemeinden im Naturpark werden ***Nordic-Walking-Strecken*** unterschiedlicher Schwierigkeitsgrade und Längen angeboten und laden zum aktiven Bewegen in der Natur ein. Besonders umfangreich sind die Angebote in den Kurbädern, in denen in der Regel auch Nordic-Walking-Gruppen organisiert sind.

Der *Gesundheits- und Fitness-Parcours in Bad Driburg* lädt mit acht Strecken und einer Gesamtlänge von 70 Kilometern zum Nordic Walking und Laufen ein. Start und Zielpunkt aller Strecken ist die Driburg Therme. Im »*Nordic-Walking-Park Bad Salzuflen*« stehen fünf ausgeschilderte Strecken

Mit Stöcken über Stock und Stein: Nordic Walking im Naturpark

unterschiedlicher Schwierigkeitsgrade mit einer Gesamtlänge von 26 Kilometern zur Verfügung.

Das *DSV nordic aktiv Zentrum Region Lippe* besteht aus den fünf lokalen Nordic-Walking-Zentren in Dörentrup, Extertal, Lage, Detmold und im Staatsbad Meinberg. Hier stehen insgesamt 19 Routen aller Schwierigkeitsgrade zur Verfügung. Detmold bietet auch Strecken an, die für Nordic-Blading geeignet sind.

Der »*Cherusker Walk*« ist das größte Nordic-Walking-Event im Naturpark und das zweitgrößte in Deutschland. Es findet jeweils im September statt und bietet neben dem Sport ein umfangreiches Rahmenprogramm. Neben der 23 Kilometer langen Gesamtstrecke von Lage-Stapelage bis zu den Externsteinen können auch Teilstrecken begangen werden.

⇨ **www.cheruskerwalk.de**

Der Naturparkbus

Der **Naturparkbus** ist ein ideales Angebot für alle, die Sehenswürdigkeiten des Naturparks ohne Auto genießen wollen. Von April bis Oktober fährt er auf der Touristiklinie 792 an Wochenenden und allen Feiertagen im Stundentakt zu Ausflugszielen zwischen Detmold, Horn-Bad Meinberg, dem Schiedersee in Schieder-Schwalenberg und Bad Pyrmont im benachbarten Niedersachsen.

Fahrräder können im Busanhänger problemlos mitgenommen werden. Am Bahnhof Detmold bestehen gute Anschlüsse zu anderen Buslinien sowie zu Regionalbahnen nach Bielefeld, Herford, Altenbeken und Paderborn.

Fahrplan und weitere Infos: ⇨ **www.naturparkbus.de**

Der ***Hermannslauf*** ist das größte Lauf-, Walking- und Wanderereignis der Region und eine der größten Laufveranstaltungen Deutschlands. Er findet am letzten Aprilsonntag des Jahres statt und führt vom Hermannsdenkmal bei Detmold zur Sparrenburg in Bielefeld. Die 31,5 Kilometer lange Gesamtstrecke führt überwiegend über Waldwege, manchmal – wie im Bereich der Oerlinghauser Innenstadt – auch über Straßen und (bei jedem Hermannsläufer legendär) über die 120 anstrengenden Stufen der Lämershagener Treppen.

Der Hermannslauf ist wegen des großen Zuschauerinteresses für die Teilnehmer eine ganz besondere Erfahrung. Die Begeisterung der Menschen entlang der Strecke ist nicht nur beim Zieleinlauf an der Sparrenburg gewaltig, auch sonst wird jeder Hermannsläufer von Tausenden Schaulustigen angefeuert und bejubelt – ein großartiges Gefühl für jeden, der normalerweise weitgehend unbeachtet seine Trainingsstrecke läuft.

Wer das ***Fahrrad*** als Fortbewegungsmittel vorzieht, dem stehen überall im Naturpark Radwege und Radwanderstrecken vom Fernradwanderweg bis zu kurzen Rundfahrten zur Verfügung. Eine einmalige Kombination aus Radlergenuss, Wohlbefinden und Gesundheit bietet die ***Wellness-Rad-***

route: Sie führt durch die fünf großen Heilbäder und neun staatlich anerkannten Luft- und Kneipp-Kurorte im »*Heilgarten Deutschlands*«. Nach der Radtour haben Sie die Möglichkeit, sich in einem Thermalbad, in der Sauna oder bei verschiedenen Heil- und Kuranwendungen zu entspannen.

Der Naturpark Teutoburger Wald / Eggegebirge soll natürlich für möglichst alle Menschen zugänglich sein – für Menschen mit Behinderungen genauso wie für Senioren und Familien mit Kindern. Aus diesem Grund wurden ***barrierefreie Wege*** angelegt, die insbesondere für Menschen mit Mobilitätseinschränkungen Ausflugsziele erreichbar und Naturerleben möglich machen.

Diese Wege, an denen jeweils eine *Wildkatzenskulptur* steht und die mit gut sichtbaren Plaketten markiert sind, sind rollstuhlgerecht ausgebaut. Informationstafeln mit Übersichtskarten geben Auskunft über Streckenlänge und Beschaffenheit. Hier werden auch Hinweise auf barrierefreie gastronomische Betriebe, Parkplätze und WCs in der Nähe gegeben.

Schautafeln mit Erklärungen in einfacher Sprache und in Brailleschrift stehen überall dort, wo es etwas Besonderes zu erleben gibt und geben Auskunft über die Natur am Wegesrand. Barrierefreie Erlebnisrouten mit ebener Wegstrecke und behindertengerechter Informationsvermittlung findet man im *Kurpark von Bad Salzuflen* und auf der barrierefreien *Erlebnisroute bei Schloss Gehrden* in Brakel-Gehrden.

Start des Hermannslaufs am gleichnamigen Denkmal – »Der Hermann« begeistert jedes Jahr tausende Läufer und Zuschauer

barrierefreier Wanderweg

Naturerlebnis für alle Besucher: Informationen zu den barrierefreien Erlebnisrouten unter

⇨ **www.naturpark-teutoburgerwald.de**

Touristische Adressen (überörtlich)

Lippe Tourismus & Marketing AG
Felix-Fechenbach-Straße 5
32756 Detmold
Tel. 05231 - 62 10 20
www.land-des-hermann.de

Bielefeld Marketing GmbH
Tourist-Info im Neuen Rathaus
Niederwall 23 / 33602 Bielefeld
Tel. 0521 - 51 69 99
www.bielefeld-marketing.de

pro Wirtschaft GT GmbH
Herzebrocker Str. 140
33334 Gütersloh
Tel. 05241 - 85 10 88
www.pro-wirtschaft-gt.de

Kulturland Kreis Höxter
Corveyer Allee 21 / 37671 Höxter
Tel. 05271 - 97 43 23
www.kulturland.org

Teutoburger Wald Tourismus-marketing – OstWestfalenLippe Marketing GmbH
Jahnplatz 5 / 33602 Bielefeld
Tel. 0521 - 967 33 25
www.teutoburgerwald.de
www.hermannshoehen.de

Touristikzentrale Paderborner Land e.V.
Königstraße 16
33142 Büren
Tel. 02951 - 97 03 00
www.paderborner-land.de

Sauerland-Tourismus e.V.
Bad Fredeburg
Postfach 2200
57382 Schmallenberg
Tel. 01802 - 40 30 40
www.sauerland.com

Touristische Adressen (Kommunen)

Tourist-Information Augustdorf
Pivitsheider Straße 16
32832 Augustdorf
www.augustdorf.de

Tourist Information Staatsbad Salzuflen GmbH
Parkstraße 20 / 32105 Bad Salzuflen
www.staatsbad-salzuflen.de

Verkehrsamt Barntrup
Mittelstraße 38 / 32769 Barntrup
www.barntrup.de

Städt. Verkehrsbüro Blomberg
Hindenburgplatz 1 / 32825 Blomberg
www.blomberg-lippe.de

Tourist-Information Detmold
Marktplatz 5 / 32756 Detmold
www.detmold.de

Verkehrsverein e.V. Dörentrup
32694 Dörentrup
www.doerentrup-lippe.de
www.dorf-der-tiere.de

Tourist-Information Extertal
Mittelstraße 36 / 32699 Extertal
www.extertal.de

Touristinformation am Kurpark in Bad Meinberg
Allee 9 / 32805 Horn-Bad Meinberg
www.hornbadmeinberg.de

Verkehrsbüro Kalletal
Küsterweg 2
32689 Kalletal-Hohenhausen
www.kalletal.de

Verkehrsamt Lage-Hörste
Freibadstraße 3 / 32791 Lage
www.lage.de

Lemgo Marketing e.V.
Kramerstraße 1 / 32657 Lemgo
www.lemgo-marketing.de

Rathaus Leopoldshöhe
Kirchweg 1 / 33818 Leopoldshöhe
www.leopoldshoehe.de

Tourist Information Lügde
Am Markt 1 / 32676 Lügde
www.touristinformationluegde.de

Tourist-Information und Bürgerbüro Oerlinghausen
Rathausplatz 1 / 32813 Oerlinghausen
www.oerlinghausen.de

Tourist-Information Schieder-Schwalenberg
Im Kurpark 1 / 32816 Schieder-Schw.
www.schieder-schwalenberg.de

Tourist-Information Schlangen
Kirchplatz 6 / 32189 Schlangen
www.gemeinde-schlangen.de

Bad Driburger Touristik GmbH
Lange Str. 140 / 33014 Bad Driburg
www.bad-driburg.com

Tourist Information Beverungen
Weserstraße 10 / 37688 Beverungen
www.beverungen.de

Stadt Borgentreich
Am Rathaus 13 / 34434 Borgentreich
www.borgentreich.de

Tourist-Information Brakel
Am Markt 5 / 33034 Brakel
www.brakel.de

Tourist-Kultur-Information Höxter
Weserstraße 11 / 37671 Höxter
www.hoexter.de

Tourist-Information Marienmünster
Schulstraße 1
37696 Marienmünster
www.marienmuenster.de

Verkehrs- und Kneippverein Nieheim
Haus des Gastes / 33039 Nieheim
www.nieheim.de

Stadtmarketing- und Wirtschaftsförderungsgesellschaft Steinheim
Emmerstraße 7 / 32839 Steinheim
www.steinheim.de

Touristik-Information Warburg
Neustädter Markt
34414 Warburg
www.warburg-touristik.de

Verkehrsverein Willebadessen e.V.
Klosterhof 1a
34439 Willebadessen
www.verkehrsverein-willebadessen.de

Verkehrsverein Eggetouristik Altenbeken e.V.
Bahnhofstraße 5a / 33184 Altenbeken
www.altenbeken-verkehrsverein.de

Bad Lippspringe Marketing GmbH
Lange Str. 6 / 33175 Bad Lippspringe
www.bad-lippspringe.de

Tourist-Information Stadt Lichtenau am Kloster Dalheim
Am Kloster 9 / 33165 Lichtenau
www.lichtenau.de

Verkehrsverein Paderborn e.V.
Marienplatz 2a / 33098 Paderborn
www.paderborn.de

Stadtmarketing Marsberg e.V.
Bäckerstraße 8 / 34431 Marsberg
www.marsberg.de

Stadt Schloß Holte–Stukenbrock
Rathausstraße 2
33758 Schloß Holte-Stukenbrock
www.schlossholtestukenbrock.de

Museen und Sehenswürdigkeiten

Landesmuseum für Klosterkultur Dalheim – Tourist-Information
Am Kloster 9 / 33165 Lichtenau
Tel.: 05292 - 93 1 92 25
www.kloster-dalheim.de

LWL-Freilichtmuseum Detmold
Westf. Landesmuseum für Volkskunde
Krummes Haus / 32760 Detmold
Tel.: 05231 - 70 60
www.freilichtmuseum-detmold.de

Fürstliches Residenzschloss Detmold
Schloss Detmold / 32706 Detmold
Tel.: 05231 - 700 20
www.schloss-detmold.de

Westfalen Culinarium Nieheim
Lange Straße 12 / 33039 Nieheim
Tel.: 05274 - 952 92 41
www.westfalen-culinarium.de

Museum im Kornhaus Heimat- und Sackmuseum
Wasserstraße 6
33039 Nieheim
Tel.: 05274 - 95 36 30

namu – Naturkundemuseum Bielefeld
Kreuzstr. 20 / 33602 Bielefeld
Tel.: 0521 - 51 67 34
www.namu-ev.de

Historisches Museum Bielefeld
Ravensberger Park 2
33607 Bielefeld
Tel.: 0521 - 51 36 35 od. 51 36 30
www.historisches-museum-bielefeld

Bauernhaus-Museum Bielefeld
Dornberger Straße 82
33619 Bielefeld
Tel.: 0521 - 521 85 50
www.bielefelder-bauernhausmuseum

Archäologisches Freilichtmuseum Oerlinghausen
Am Barkhauser Berg 2–6
33813 Oerlinghausen
Tel.: 05202 - 2220
www.afm-oerlinghausen.de

Orgelmuseum Borgentreich
Marktstraße 6 / 34434 Borgentreich
Tel.: 05643 - 1212 oder 8090
www.barockorgel-borgentreich.de

Weserrenaissance-Museum Schloss Brake
Schlossstraße 18 / 32657 Lemgo
Telefon 05261 - 94 500
www.wrm.lemgo.de

Lippisches Landesmuseum
Ameide 4 / 32756 Detmold
Tel.: 05231 - 992 50
www.lippisches-landesmuseum.de

Stadt- und Bädermuseum Bad Salzuflen
Lange Straße 41 / 32105 Bad Salzuflen
Tel.: 05222 - 597 66
www.museum.bad-salzuflen.de

Westfälisches Ziegeleimuseum
Sprikernheide 77 / 32791 Lage
Tel.: 05232 - 949 00
www.ziegelei-lage.de

Wald- und Forstmuseum Heidelbeck
Kurstraße 7 / 32689 Kalletal
Tel.: 05264 - 5109

Draisinenfahrten Extertal
Extertalstraße 35 / 31737 Rinteln
Tel.: 05751 - 40 39 88
www.draisinen.de

Städtisches Museum Lemgo
»Hexenbürgermeisterhaus«
Breite Straße 19 / 32657 Lemgo
Tel.: 05261 - 21 32 76
www.lemgo.de

Adlerwarte Berlebeck
Adlerweg 13–15 / 32760 Detmold
Tel.: 05231 - 471 71
www.adlerwarte-berlebeck.de

Vogelpark Heiligenkirchen
Ostertalstraße 1 / 32760 Detmold
Tel.: 05231 - 47439
www.vogelpark-heiligenkirchen.de

Eggemuseum
Alter Kirchweg 7 / 33184 Altenbeken
Tel.: 05255 - 12000

Glasmuseum
Schulstraße 7 / 33014 Bad Driburg
Tel.: 05253 - 88104
www.glasmuseum-bad-driburg.de

Friedrich-Wilhelm-Weber-Museum
Weberplatz 1 / 33014 Bad Driburg
Tel.: 05253 - 989 40
www.weberhaus-nieheim.de

Kloster Corvey und Museum Höxter-Corvey
Schloss Corvey / 37671 Höxter
Tel.: 05271 - 69 40 10
www.schloss-corvey.de

Schloss Vörden
Marktstraße
37696 Marienmünster-Vörden
Tel.: 05276 - 98 98 18

Abtei Marienmünster
Katholisches Pfarramt St. Jakobus
Abtei 6 / 37696 Marienmünster
Tel.: 05276 - 1019

Husarenmuseum Schloß Rheder
Nethetalstraße 10 / 33034 Brakel
Tel.: 05272 - 39 43 92

Museum Haus Bökerhof
33034 Brakel-Bökendorf
Tel.: 05251 - 60 30 93
www.boekerhof.de

Urdorf Museum Bellersen
Meinolfusstraße 28
33034 Brakel-Bellersen
Tel.: 05276 - 7202

Warburger Stadtmuseum
Museum im »Stern«
Sternstraße 35 / 34414 Warburg
Tel. 05641 - 74 19 88

Korbmacher-Museum Dalhausen
Lange Reihe 23
37688 Beverungen-Dalhausen
Tel. 05645 - 1823
www.korbmacher-museum.de

ÖPNV (Öffentlicher PersonenNahVerkehr)

Naturparkbus
Kommunale Verkehrsgesellschaft Lippe mbH / Felix-Fechenbach-Straße 5 / 32756 Detmold
Telefon: 05231 - 627950
www.naturparkbus.de

Nahverkehrsverbund Paderborn/Höxter
BahnBusHochstift – Kundeninfo
Bahnhofstraße 17 / 33102 Paderborn
Telefon: 05251 - 20130
www.nph.de

OWL Verkehr GmbH
Willy-Brandt-Platz 2 / 33602 Bielefeld
Tel.: 0521 - 557666-0
www.owlverkehr.de

moBiel GmbH
Postfach 21 90 46 / 33697 Bielefeld
Tel.: 0521 - 514545
www.mobiel.de

NordWestBahn GmbH
Alte Poststraße 9 / 49074 Osnabrück
Tel. 01805 - 600161 (14 ct/min.)
www.nordwestbahn.de

Umweltbildung

Naturparkführer Teutoburger Wald e.V.
c/o Naturpark Teutoburger Wald
Felix-Fechenbach-Straße 5
32756 Detmold
www.naturparkfuehrer.org

Biologische Station Kreis Paderborn - Senne e.V.
Arbeitsgruppe Landschaftspflege und Artenschutz e.V. (ALA), Gemeinschaft für Naturschutz im Altkreis Büren e.V. (GfN), Naturschutzzentrum Senne (NZ Senne)
Junkernallee 20 / 33161 Hövelhof
Tel.: 05257 - 94 09 05
www.bs-paderborn-senne.de

Biologische Station Lippe
Domäne 2
32816 Schieder-Schwalenberg
Tel.: 05282 - 462
www.biologischestationlippe.de

Landschaftsstation im Kreis Höxter e.V.
Steinernes Haus
Zur Specke 4
34434 Borgentreich
Tel.: 05643 - 948800
www.landschaftsstation-hoexter.com

Gemeinschaft für Naturschutz Senne und Ostwestfalen-Lippe e.V.
(GPS-Geräte-Verleih)
Haustenbecker Str. 61
32832 Augustdorf
Tel.: 05237 - 899975
www.gns-senne.de

Umweltbildungsstätte Rolfscher Hof
NABU Kreisverband Lippe e.V.
Hahnbruchweg 5
32760 Detmold
Tel.: 05231 - 981 03 92 oder 981 03 93
www.rolfscher-hof.de

Umweltzentrum Heerser Mühle
Heerser Mühle 1-3
32107 Bad Salzuflen
Tel.: 05222 - 79 71 51
www.heerser-muehle.de

Waldinformationszentrum Hammerhof
Mit Wisentgehege
34414 Warburg-Scherfede
Tel.: 05642 - 949 72 0

Naturwissenschaftlicher Verein für Bielefeld und Umgegend e.V.
c/o Naturkunde-Museum
Kreuzstraße 38
33602 Bielefeld
Tel.: 0521 - 17 24 34
www.nwv-bielefeld.de

Naturwissenschaftlicher und Historischer Verein für das Land Lippe e.V.
Willi-Hofmann-Straße 2
32756 Detmold
Telefon: 05231 - 76 62 13
www.nhv-lippe.de

Naturwissenschaftlicher Verein Paderborn e.V.
Ludwigstraße 68 / 33098 Paderborn
Telefon: 05251 - 744 39

Naturkundlicher Verein Egge-Weser e.V.
c/o Irmgard Beinlich
Fuhlenstraße 9 / 37671 Höxter
Tel.: 05271 - 181 45
www.newnatur.de

Wandervereine

Eggegebirgsverein e.V.
Auf dem Krähenhügel 7
33014 Bad Driburg
Tel.: 05253 - 93 11 76
www.eggegebirgsverein.de

Teutoburger-Wald-Verein e. V.
Ravensberger Straße 61
33602 Bielefeld
Tel.: 0521 - 63019
www.teutoburgerwaldverein.de

Lippischer Heimatbund e.V.
Felix-Fechenbach-Straße 5
32756 Detmold
Tel.: 05231 - 62 79 -11 / -12
www.lippischer-heimatbund.de

Alle Angaben ohne Gewähr.
Änderungen vorbehalten.

Naturpark Teutoburger Wald / Eggegebirge

Felix-Fechenbach-Straße 5
32756 Detmold
Tel.: 05231 - 62 79 44
www.naturpark-teutoburgerwald.de

Besuchen Sie unseren **Naturparkshop**:
www.naturpark-teutoburgerwald-shop.de

LITERATUR (Auswahl)

AKADEMIE FÜR UMWELTFORSCHUNG IN EUROPA (AUbE e.V., Hrsg.): Natürlich Ostwestfalen-Lippe. Region und Landschaft neu entdecken. 25 Rad- und 10 Wandertouren. Westfalen-Verlag, Bielefeld 2008

BÁLINT, Anna, Kreis Höxter (Hrsg.): Burgen, Schlösser und historische Adelssitze im Kreis Höxter. Höxter 2002

BEINLICH, Burkhard & GRAWE, Frank: Verborgene Schätze zwischen Egge und Weser. Die Vielfalt der Natur im Kulturland Kreis Höxter, Verlag Jörg Mitzkat, Holzminden 2008

BIOLOGISCHE STATION LIPPE (Hrsg.): Wege durch die Natur – Naturwanderführer Lippe. 16 Hefte im Schuber, tpk-Regionalverlag, Bielefeld 2005

GERBAULET, Horst: Erlebnis Hermannsweg. Östlicher Teil – Wandern von Bielefeld bis Horn-Bad Meinberg, tpk-Regionalverlag, Bielefeld 2007

KERKHOFF, Holger: Streifzüge durch das Kulturland Höxter. Schriftenreihe Kreis Höxter Bd. 4, Höxter 2007

KIPER, Thomas (Hrsg.): Faszinierende Senne zu Fuß. Das Wanderbuch für die Senne. 22 Hefte im Schuber, tpk-Regionalverlag, Bielefeld 2001

KREIS HÖXTER, KREIS PADERBORN, LANDSCHAFTSVERBAND WESTFALEN-LIPPE (Hrsg.): Klosterführer für die Kreise Höxter und Paderborn. Höxter 2000

KRUS, Horst D., Kreis Höxter (Hrsg.): Gärten und Parks im Kreis Höxter. Höxter 2004

LIPPERT, Lothar, Eggegebirgsverein (Hrsg.): Das Eggegebirge und sein Vorland. Bad Driburg, 5. Auflage 1996, Ergänzungen 2004 u. 2006

MEIER, Burkhard: Das Lipperland. Die schönsten Bilder einer historischen Landschaft, Verlag Jörg Mitzkat, Holzminden 2007

NATURPARK TEUTOBURGER WALD / EGGEGEBIRGE (Hrsg.): Freizeitkarte Naturpark Teutoburger Wald / Eggegebirge 1:100.000, Detmold 2009

NATURSCHUTZZENTRUM SENNE (Hrsg.): Senne und Teutoburger Wald. tpk-Regionalverlag, Bielefeld 2008

RÜTHER, Peter & SCHENK, Susanne: So weit der Blick reicht. Aussichtspunkte in Ostwestfalen-Lippe. tpk-Regionalverlag, Bielefeld 2008